# 政府会计习题集

陆志平　林　涛　主编

云南大学出版社
YUNNAN UNIVERSITY PRESS

**图书在版编目（CIP）数据**

政府会计习题集 / 陆志平，林涛主编. -- 昆明：云南大学出版社，2023
ISBN 978-7-5482-4882-8

Ⅰ. ①政… Ⅱ. ①陆… ②林… Ⅲ. ①预算会计－习题集 Ⅳ. ①F810.6-44

中国国家版本馆CIP数据核字(2023)第033906号

策划编辑：徐　曼
责任编辑：陶燕燕
封面设计：刘　雨

# 政府会计习题集

## ZHENGFU KUAIJI XITIJI

陆志平　林　涛　主编

| | |
|---|---|
| 出版发行： | 云南大学出版社 |
| 印　　装： | 昆明理煋印务有限公司 |
| 开　　本： | 787mm×1092mm　1/16 |
| 印　　张： | 11.25 |
| 字　　数： | 160千 |
| 版　　次： | 2023年2月第1版 |
| 印　　次： | 2023年2月第3次印刷 |
| 书　　号： | ISBN 978-7-5482-4882-8 |
| 定　　价： | 38.00元 |

社　　址：昆明市一二一大街182号（云南大学东陆校区英华园内）
邮　　编：650091
电　　话：（0871）65033244　65031071
E-mail：market@ynup.com

本书若有印装质量问题，请与印厂联系调换，联系电话：0871-64167045。

# 编写说明

2017年10月，财政部发布了新版《政府会计制度——行政事业单位会计科目和报表》，要求自2019年1月1日起在全国实施。为适应我国政府会计制度的改革发展，满足行政事业单位财务人员工作的需要以及财经类人才培养的需求，2018年，陆志平教授编写并出版了《政府会计》一书。该书出版后因其较强的指导性和实用性，受到了行政事业单位财务人员的一致好评。随着近几年我国政府会计事业的飞速发展，政府会计准则也在不断完善，为配合财政部《政府会计准则制度》中对"准则""制度"的最新表述，我们编写了与《政府会计》一书配套的习题集。

本习题集的编写目的在于帮助广大读者正确理解《政府会计》的内容，牢固掌握政府会计的基本理论、基本方法，提升分析应用能力。本习题集可作为高等院校会计专业学生的辅导学习用书，也可作为行政事业单位财会人员学习、培训的参考。

本书的编写人员均为昆明学院教师。主编为陆志平、林涛，二人担负了全书的统稿工作；副主编为王荣林。本书编写的具体分工情况如下：第一章和第十五章由陆志平编写；第二章和第三章由屈少晶编写；第四章由林涛编写；第五章和第六章由李蕾蕾编写；第七章由李姗姗编写；第八章由景琴玲编写；第九章由苏怡编写；第十章由冉萍编写；第十一章由李姗姗和景琴玲共同编写；第十二章由张红宇编写；第十三章由王荣林编写；第十四章由王荣林和周金玉共同编写。

由于我国政府会计制度处于改革发展进程中，新的政府会计准则体系尚未完全形成，一些具体准则还在研究和制定之中，书中不妥乃至错误之处在所难免，敬请同仁和广大读者批评指正。

在本书的编写过程中，我们参考了相关书籍、资料和网络资源，借鉴了相关专家的研究成果，在此谨向这些作者致以诚挚的谢意！

# 目 录

第一章　总　论 …………………………………………………………………… 1

第二章　货币资金和应收款项 …………………………………………………… 9

第三章　存　货 …………………………………………………………………… 15

第四章　投　资 …………………………………………………………………… 21

第五章　固定资产 ………………………………………………………………… 29

第六章　无形资产 ………………………………………………………………… 36

第七章　公共基础设施 …………………………………………………………… 43

第八章　政府储备物资 …………………………………………………………… 49

第九章　文物文化资产 …………………………………………………………… 55

第十章　保障性住房 ……………………………………………………………… 61

第十一章　负　债 ………………………………………………………………… 67

第十二章　收入与预算收入 ……………………………………………………… 73

第十三章　费用与预算支出 ……………………………………………………… 86

第十四章　净资产与预算结余 …………………………………………………… 96

第十五章　政府财务报告和决算报告 …………………………………………… 104

参考答案 …………………………………………………………………………… 121

# 第一章 总 论

**一、单项选择题**

1. 政府会计的财务会计体系下，反映单位财务状况的平衡关系是（　　）。
   A. 资产－负债＝所有者权益　　　　B. 资产－负债＝净资产
   C. 收入－费用＝本期盈余　　　　　D. 收入－费用＝累计盈余

2. "资金结存"科目的余额在（　　）。
   A. 借方　　　　　　　　　　　　　B. 贷方
   C. 可能在借方　　　　　　　　　　D. 可能在贷方

3. 反映财务会计报表与预算会计报表勾稽关系的报表是（　　）。
   A. 预算结转结余变动表　　　　　　B. 净资产变动表
   C. 当期盈余与预算结余差异表　　　D. 收入费用表

4. 政府综合财务报告是由（　　）编制的，以权责发生制为基础，主要为反映政府整体财务状况、运行情况和财政中长期可持续性等信息的报告，内容包括财务报表、政府财政经济分析和政府财政财务管理情况。
   A. 政府各部门、各单位　　　　　　B. 政府财政部门
   C. 企业　　　　　　　　　　　　　D. 民间非营利组织

5. 以下哪个科目是净资产科目？（　　）
   A. 资产处置费用　　　　　　　　　B. 附属单位上缴收入
   C. 无偿调拨净资产　　　　　　　　D. 受托代理资产

6. 反映财务会计报表与预算会计报表勾稽关系的报表是（　　）。
   A. 预算结转结余变动表　　　　　　B. 净资产变动表
   C. 本期盈余与预算结余差异表　　　D. 收入费用表

7. 反映单位全部预算执行情况的报表是（　　）。
   A. 预算结转结余变动表　　　　　　B. 预算收入支出表
   C. 本期盈余与预算结余差异表　　　D. 财政拨款预算收入支出表

8. 固定资产的出售、转让所取得的转让净收入，如果是纳入财政统筹核算的，在财务会计体系下通过（　　）科目核算。
   A. "待处理财产损溢"　　　　　　B. "无偿调拨净资产"
   C. "其他收入"　　　　　　　　　D. "应缴财政款"

9. 在预算会计体系中的财政拨款结转、财政拨款结余、非财政拨款结转和非财政拨款结余应当与财务会计体系中（　　）科目形成对应关系。
   A. "其他收入"　　　　　　　　　B. "累计盈余"
   C. "专用基金"　　　　　　　　　D. "净资产"

10. 政府部门的财务报告是由（　　）编制的，以权责发生制为基础，主要反映政府整体财务状况、运行情况和财政中长期可持续性等信息的报告，内容包括财务报表、政府财政经济分析和政府财政财务管理情况。
    A. 政府各部门、各单位　　　　　B. 政府财政部门
    C. 企业　　　　　　　　　　　　D. 民间非营利组织

11. 政府会计核算采用（　　）核算方法。
    A. 以权责发生制为基础的财务会计核算
    B. 以收付实现制为基础的预算会计核算
    C. 以权责发生制为基础的财务会计核算，同时以收付实现制为基础的预算会计核算的两种核算方法平行核算
    D. 借贷记账法

12. 向银行借入借款时，所涉及的短期借款、长期借款与（　　）是一一对应的关系。
    A. 债务预算收入　　　　　　　　B. 债务还本支出
    C. 其他收入　　　　　　　　　　D. 资金结存

13. 向银行偿还借款时，所涉及的短期借款、长期借款与（　　）是一一对应的关系。
    A. 债务预算收入　　　　　　　　B. 债务还本支出
    C. 其他支出　　　　　　　　　　D. 资金结存

14. 对外投资时，所涉及的短期投资、长期股权投资、长期债券投资与（　　）是一一对应的关系。
    A. 投资支出　　　　　　　　　　B. 银行存款
    C. 其他支出　　　　　　　　　　D. 资金结存

15. 政府会计主体在对会计要素进行计量时，一般应当采用（　　）。
    A. 历史成本　　　　　　　　　　B. 重置成本

C. 可变现净值　　　　　　　　D. 公允价值

16. 自（　　）起，单位应当严格按照新制度的规定进行会计核算、编制财务报表和预算会计报表。

   A. 2019年1月1日　　　　　　B. 2020年1月1日
   C. 2018年1月1日　　　　　　D. 2021年1月1日

## 二、多项选择题

1. 政府会计的目标包括：（　　）。

   A. 决算报告目标　　　　　　B. 预算管理目标
   C. 财务报告目标　　　　　　D. 绩效考核目标

2. 政府会计主体，是指各级政府、各部门、各单位（以下统称政府会计主体）的会计确认、计量和报告的空间范围。各部门、各单位是指与本级政府财政部门（　　）的国家机关、军队、政党组织、社会团体、事业单位和其他单位。

   A. 直接发生预算拨款关系
   B. 间接发生预算拨款关系
   C. 没有直接预算拨款关系，但是具有业务指导关系
   D. 没有间接预算拨款关系，但是具有业务管理关系

3. 政府会计信息质量要求（　　）。

   A. 可靠性、可理解性
   B. 可比性（包括横向可比和纵向可比）
   C. 全面性、相关性和及时性
   D. 实质重于形式
   E. 重要性

4. 政府会计由（　　）构成。

   A. 财政总预算会计体系　　　B. 预算会计体系
   C. 财政预算会计体系　　　　D. 财务会计体系
   E. 单位预算会计体系

5. 政府会计要素，是指按照经济活动事项的经济特征所做的基本分类。其中，第一类是反映政府会计主体（　　），简称政府预算会计三要素；第二类是反映政府会计主体财务状况（　　）、营盈情况（　　）的会计要素，简称政府财务会计五要素。

   A. 预算收入、预算支出和预算结余　　B. 资产、负债、净资产
   C. 主营业务收入和主营业务成本　　　D. 收入和费用

E. 资产、负债、所有者权益

6. 在政府会计的预算会计体系下，反映财务会计平衡关系的是（　　）。
   A. 资产－负债＝所有者权益　　　　B. 收入－费用＝利润
   C. 资产－负债＝净资产　　　　　　D. 收入－费用＝本期盈余

7. 在政府会计的预算会计体系下，反映预算会计平衡关系的是（　　）。
   A. 预算收入－预算支出＝预算结余
   B. 财政拨款预算收入－事业支出或行政支出＝财政拨款结转
   C. 预算结余＝财政拨款结转＋财政拨款结余＋非财政拨款结转＋非财政拨款结余＋专用结余－经营结余（借方）
   D. 资金结存＝财政拨款结转＋财政拨款结余＋非财政拨款结转＋非财政拨款结余＋专用结余－经营结余（借方）

8. 政府预算会计要素包括（　　）三要素。
   A. 预算收入　　　　　　　　　　　B. 预算支出
   C. 预算结余　　　　　　　　　　　D. 财政拨款预算收入
   E. 财政拨款预算支出

9. 政府财务会计要素包括（　　）五要素。
   A. 资产　　　　　　　　　　　　　B. 负债
   C. 净资产　　　　　　　　　　　　D. 收入
   E. 费用

10. 反映政府会计主体财务状况的会计要素是（　　）。
    A. 资产　　　　　　　　　　　　　B. 负债
    C. 净资产　　　　　　　　　　　　D. 收入
    E. 费用

11. 反映政府会计主体营盈情况的会计要素是（　　）。
    A. 资产　　　　　　　　　　　　　B. 负债
    C. 净资产　　　　　　　　　　　　D. 收入
    E. 费用

12. 下列哪些属于非流动资产？（　　）
    A. 存货　　　　　　　　　　　　　B. 长期投资
    C. 公共基础设施　　　　　　　　　D. 文物文化资产
    E. 保障性住房

13. 下列哪些属于流动资产？（　　）
    A. 存货　　　　　　　　　　　　　B. 银行存款

C. 零余额账户用款额度　　　　　　D. 无形资产

E. 预付账款

14. 流动负债是指预计在 1 年内（含 1 年）偿还的负债，包括（　　）等。

    A. 预收账款　　　　　　　　　　　B. 应付职工薪酬

    C. 应缴财政款　　　　　　　　　　D. 应付利息

    E. 预付账款

15. 非流动负债是指在 1 年内以上偿还的负债，包括（　　）等。

    A. 长期应付款　　　　　　　　　　B. 应付政府债券

    C. 预计负债　　　　　　　　　　　D. 其他应付款

    E. 预提费用

16. 净资产按其来源主要包括（　　）等。

    A. 累计盈余　　　　　　　　　　　B. 专用基金

    C. 权益法调整　　　　　　　　　　D. 本期盈余

    E. 本年盈余分配　　　　　　　　　F. 无偿调拨净资产和以前年度盈余调整

17. 在预算会计体系下，行政单位可能涉及的支出科目有（　　）。

    A. 业务活动费用　　　　　　　　　B. 单位管理费用

    C. 行政支出　　　　　　　　　　　D. 事业支出

    E. 其他支出

18. 在财务会计体系下，事业单位可能涉及的费用科目有（　　）。

    A. 业务活动费用　　　　　　　　　B. 单位管理费用

    C. 其他费用　　　　　　　　　　　D. 事业支出

    E. 资产处置费用

19. 在预算会计体系下，事业单位可能涉及的收入科目有（　　）。

    A. 投资预算收益　　　　　　　　　B. 财政拨款预算收入

    C. 债务预算收入　　　　　　　　　D. 投资收益

    E. 非财政拨款预算收入

20. 在财务会计体系下，行政单位可能涉及的收入科目有（　　）。

    A. 财政拨款收入　　　　　　　　　B. 事业收入

    C. 上级补助收入　　　　　　　　　D. 附属单位上缴收入

    E. 其他收入

21. 在财务会计体系下，行政单位可能涉及的费用科目有（　　）。

    A. 业务活动费用　　　　　　　　　B. 单位管理费用

    C. 其他费用　　　　　　　　　　　D. 事业支出

E. 资产处置费用

22. 单位发生所得税缴纳义务时，按照税法规定计算应交税金和实际缴纳所得税时，涉及的会计科目有（　　）。
    A. 所得税费用　　　　　　　　B. 非财政拨款结余
    C. 非财政拨款结转　　　　　　D. 事业支出
    E. 其他应缴税费

23. 政府会计报告包括（　　）。
    A. 政府决算报告　　　　　　　B. 政府预算报告
    C. 政府财务报告　　　　　　　D. 政府财务分析报告
    E. 政府绩效报告

24. 政府预算会计报表具体包括（　　）。
    A. 预算收入支出表　　　　　　B. 预算结转结余变动表
    C. 财政拨款预算收入支出表　　D. 收入费用表
    E. 现金流量表

25. 政府财务会计报表具体包括（　　）。
    A. 资产负债表　　　　　　　　B. 净资产变动表
    C. 预算收入支出表　　　　　　D. 收入费用表
    E. 现金流量表

26. 政府财务报告体系包括（　　）。
    A. 政府部门财务报告　　　　　B. 政府综合财务报告
    C. 政府决算报告　　　　　　　D. 政府财务分析报告
    E. 政府预算绩效报告

27. 政府部门的财务分析应当包括（　　）。
    A. 政府部门基本情况　　　　　B. 政府部门财务状况分析
    C. 政府部门运行情况分析　　　D. 政府财务管理情况
    E. 部门债务管理情况

28. 政府财政经济分析应当包括（　　）。
    A. 财政中长期可持续分析　　　B. 政府财务状况分析
    C. 政府运行情况分析　　　　　D. 政府绩效管理情况
    E. 政府债务偿债情况

### 三、判断题

1. 预算结余＝财政拨款结转＋财政拨款结余＋非财政拨款结转＋非财政拨款结余＋

专用结余 + 资金结存。 ( )
2. 预算会计的决算报表是以收付实现制为基础,通过汇总的方式编制。 ( )
3. 政府综合财务报告是以权责发生制为基础,通过合并汇总的方式编制。 ( )
4. "本期盈余"结转前,如果是盈余反映在该科目的借方,如果是损失反映在该科目的贷方。 ( )
5. 一般情况下,专用基金的金额都会大于专用结余金额,也有可能相等,也有可能出现专用基金的金额都会小于专用结余金额的情况。 ( )
6. 净资产,是指政府会计主体资产扣除负债后的净额。净资产是本级政府对政府会计主体资产的剩余索取权。 ( )
7. 累计盈余,是指单位历年实现的盈余扣除盈余分配后滚存的金额,以及因无偿调入调出资产产生的净资产变动额。 ( )
8. 专用基金,是指事业单位按照规定提取或设置的具有专门用途的净资产,主要包括职工福利基金、科技成果转换基金等。 ( )
9. 权益法调整,是指单位持有的长期股权投资采用权益法核算时,按照被投资单位除净损益和利润分配以外的所有者权益变动份额调整长期股权投资账面余额而计入净资产的金额。 ( )
10. 本期盈余,是指单位本期各项收入、费用相抵后的余额。 ( )
11. 本年盈余分配,是指单位本年度盈余分配的情况和结果。 ( )
12. 无偿调拨净资产,是指单位无偿调入或调出非现金资产所引起的净资产变动金额。 ( )
13. 以前年度盈余调整,是指单位本年度发生的调整以前年度盈余的事项,包括本年度发生的重要前期差错更正涉及调整以前年度盈余的事项。 ( )
14. 财政拨款收入与财政拨款预算收入,是一一对应的关系,且核算的时间和金额相等。 ( )
15. 事业收入与事业预算收入,是一一对应的关系,且核算的时间和金额相等。 ( )
16. 向银行借入借款时,所涉及的短期借款、长期借款与债务预算收入是一一对应的关系,且发生额和余额相等。 ( )
17. 向银行偿还借款时,所涉及的短期借款、长期借款与债务还本支出是一一对应的关系,且发生额和余额相等。 ( )
18. 对外投资时,所涉及的短期投资、长期股权投资、长期债券投资与投资支出是一一对应的关系,且发生额和余额相等。 ( )
19. 财务会计核算中的货币资金(即库存现金、银行存款、零余额账户用款额度和其

他货币资金等）与预算会计中的资金结存是一一对应的关系，且发生额和余额相等。（　　）

20. 本期盈余，是指单位本期各项收入、费用相抵后的余额。预算结余，是指政府会计主体预算年度内预算收入扣除预算支出后的资金余额，以及历年滚存的资金余额。本期盈余和预算结余，只是时间上核算有差异，其最后的金额是相等的。（　　）

21. 结余资金是指年度预算执行终了，预算收入实际完成数扣除预算支出和结转资金后剩余的资金。（　　）

22. 结转资金是指预算安排项目的支出年终尚未执行完毕或者因故未执行，且下年需要按原用途继续使用的资金。（　　）

23. 某政府会计主体涉及的未决诉讼，如果很可能会导致政府会计主体的经济利益流出政府会计主体的，就应当视为符合负债的确认条件。反之，如果政府会计主体虽然承担了现时义务，但是会导致政府会计主体经济利益流出的可能性很小的，则不符合负债的确认条件，不应当将其作为负债予以确认。（　　）

24. 在某些情况下，为了提高会计信息质量，实现财务报告目标，政府会计主体会计准则允许采用重置成本、可变现净值、现值、公允价值计量的，应当保证所确定的会计要素金额能够取得并可靠计量，如果这些金额无法取得或者可靠地计量的，则不允许采用其他计量属性。（　　）

25. 政府综合财务报告可作为考核地方政府绩效、开展地方政府信用评级、评估预警地方政府债务风险、编制全国和地方资产负债表以及制定财政中长期规划和其他相关规划的重要依据。（　　）

26. 政府部门财务报告主要反映本部门财务状况、运行情况等，为加强政府部门资产负债管理、预算管理、绩效管理等提供信息支撑。据此作为本部门确定下一年度部门预算的依据。（　　）

（陆志平）

# 第二章 货币资金和应收款项

**思考题**

1. 政府会计主体持未到期的商业汇票向银行贴现以及背书转让，分别该做什么账务处理？
2. 政府部门职工出差报销差旅费，该如何做账务处理？
3. 政府会计主体现金收入的范围有哪些？

## 一、单项选择题

1. 行政单位收回本年度已列支的款项时，预算会计应（　　）。
   A. 冲销以前年度支出　　　　　　B. 增加当年预算结余
   C. 冲销当年行政支出或事业支出　　D. 冲销以前年度结余

2. 在记账无误的情况下，银行对账单与预算银行存款日记账账面余额不一致的原因是（　　）。
   A. 应付账款　　　　　　　　　　B. 未达账项
   C. 在途货币资金　　　　　　　　D. 预收账款

3. 按照现金管理制度的有关规定，下列支出不应使用现金支付的是（　　）。
   A. 发放职工工资35 000元　　　　B. 支付商品价款5 000元
   C. 支付职工医药费800元　　　　　D. 购买零星办公用品200元

4. 医院向住院病人预收的医疗费用应当记入（　　）科目。
   A. 应付账款　　　　　　　　　　B. 其他应付款
   C. 应付票据　　　　　　　　　　D. 预收账款

5. 事业单位年终确认财政应返还额度时，借记"财政应返还额度"科目，贷记科目可以是（　　）。
   A. 财政补助收入　　　　　　　　B. 银行存款
   C. 财政拨款收入　　　　　　　　D. 现金

6. 下列各项中，关于零余额账户说法正确的是（　　）。
   A. 预算单位零余额账户是实存资金账户
   B. 财政零余额账户向国库存款账户划款
   C. 财政零余额账户用于财政授权支付
   D. 财政汇缴零余额专户用于非税收入的收缴

7. 某事业单位对外界提供劳务服务，收到带息票据一张，面额为1 000元，6个月期限，利率8%的票据，持有两个月后向银行贴现，贴现率为6%，贴现息为（　　）。
   A. 40元　　　　　　　　　　　　B. 30元
   C. 20.8元　　　　　　　　　　　D. 19.2元

8. 不需上缴财政的应收账款逾期无法收回时，转入（　　）科目。
   A. "银行存款"　　　　　　　　　B. "坏账准备"
   C. "经营收入"　　　　　　　　　D. "事业预算收入"

9. （　　）核算是已经偿还银行尚未报销的本单位公务卡欠款。
   A. 应收账款　　　　　　　　　　B. 应收股利
   C. 其他应收款　　　　　　　　　D. 应收利息

10. 下列各项中，关于国库存款与财政零余额账户之间关系正确的是（　　）。
    A. 国库存款账户向财政零余额账户划款
    B. 财政零余额账户向国库存款划款
    C. 国库存款账户与财政零余额账户之间可以相互划款
    D. 国库存款账户与财政零余额账户之间不可以相互划款

11. 下列各项中，关于预算单位零余额账户与预算单位自行在商业银行开设的银行存款账户之间关系正确的是（　　）。
    A. 预算单位零余额账户是实存资金账户
    B. 预算单位的银行存款账户是实存资金账户
    C. 两者都不是实存资金账户
    D. 两者没有区别

12. 下列各项中，不属于政府会计中"其他货币资金"科目核算内容的是（　　）。
    A. 信用证存款　　　　　　　　　B. 银行本票存款
    C. 备用金　　　　　　　　　　　D. 银行汇票存款

13. 政府会计主体如果发现现金短缺，财务会计应借记（　　）。
    A. "其他应收款"科目　　　　　　B. "其他应付款"科目
    C. "现金"科目　　　　　　　　　D. "待处理财产损溢"科目

14. 政府会计主体财产清查中发现的现金短缺,应当由责任人赔偿的,财务会计应计入( )账户。
    A. 其他应收款　　　　　　　　B. 资本公积
    C. 其他应付款　　　　　　　　D. 固定资产清理

15. 预算会计核算体系将库存现金、银行存款、零余额账户用款额度、财政返还额度和其他货币资金并作( )科目核算。
    A. "货币资金"　　　　　　　　B. "资金结存"
    C. "银行存款"　　　　　　　　D. "经营结余"

16. 政府财务部门核定并发放备用金时,财务会计账务处理应借记的会计科目是( )。
    A. 行政支出　　　　　　　　　B. 事业支出
    C. 其他应收款　　　　　　　　D. 备用金

17. 事业单位计提坏账准备时,应借记( )科目。
    A. "其他费用"　　　　　　　　B. "信用减值损失"
    C. "坏账准备"　　　　　　　　D. "资产减值损失"

18. 政府会计主体对于账龄超过规定年限、确认无法收回的其他应收款所做的会计处理,应借记( )科目,贷记"其他应收款"科目。
    A. "其他费用"　　　　　　　　B. "营业外支出"
    C. "事业支出/行政支出"　　　　D. "待处理财产损益"

19. 政府会计主体通过"零余额账户用款额度"提现时,财务会计应借记"库存现金"科目,贷记( )科目。
    A. "财政拨款收入"　　　　　　B. "银行存款"
    C. "零余额账户用款额度"　　　D. "其他货币资金"

20. 政府部门持未到期的商业汇票(附追索权)向银行贴现,在财务会计体系下,按实际收到的金额,借记"银行存款"科目,按商业汇票的票面金额贷记( )科目。
    A. "应收票据"　　　　　　　　B. "短期借款"
    C. "财务费用"　　　　　　　　D. "应收账款"

## 二、多项选择题

1. 下列关于事业单位货币资金核算的表述,正确的有( )。
    A. "银行存款日记账"与"银行对账单"至少每月核对一次
    B. 零余额账户用款额度借方登记收到授权支付到账额度

C. 零余额账户用款额度贷方登记支用的零余额账户用款额度

D. 现金短缺无法查明原因的计入其他支出科目

2. 下列各项中，行政单位可以用现金支付的有（　　）。

　　A. 职工工资　　　　　　　　　　B. 个人劳务报酬

　　C. 向个人收购农副产品的价款　　D. 出差人员必须随身携带的差旅费

3. 下列各项中，通过"其他货币资金"科目核算的是（　　）。

　　A. 信用证存款　　　　　　　　　B. 银行汇票存款

　　C. 备用金　　　　　　　　　　　D. 银行本票存款

4. 政府会计中现金溢余的会计核算涉及的科目有（　　）。

　　A. 待处理财产损溢　　　　　　　B. 其他应付款

　　C. 其他应收款　　　　　　　　　D. 其他收入

　　E. 资金结存——货币资金

5. 某政府单位发生当年预付账款退回时，有关平行账务处理涉及的会计科目有（　　）。

　　A. 财政拨款收入　　　　　　　　B. 财政拨款结余

　　C. 预付账款　　　　　　　　　　D. 行政/事业支出

　　E. 资金结存

6. 政府会计主体单位财务部门核定并发放备用金时，有关平行账务处理涉及的会计科目有（　　）。

　　A. 其他应收款　　　　　　　　　B. 库存现金

　　C. 业务活动费用　　　　　　　　D. 行政支出

　　E. 资金结存——货币资金

7. 政府部门的现金支出管理中，应该做到（　　）岗位分离，不能由一人兼任。

　　A. 固定资产核算　　　　　　　　B. 出纳

　　C. 记账　　　　　　　　　　　　D. 采购

8. 下列票据中，可以背书转让的有（　　）。

　　A. 银行汇票　　　　　　　　　　B. 银行本票

　　C. 商业汇票　　　　　　　　　　D. 现金支票

　　E. 转账支票

9. 在财务会计体系中，"坏账准备"科目贷方反映（　　）。

　　A. 已发生的坏账损失　　　　　　B. 按规定提取的坏账准备

　　C. 冲销多提的坏账准备　　　　　D. 收回的已确认并转销的坏账损失

10. 政府单位已核销的其他应收款在以后期间收回的，有关平行账务处理涉及的会计科目有（　　）。
  A. 银行存款  B. 资金结存
  C. 其他收入  D. 其他应收款
11. 其他应收款核算（　　）。
  A. 拨付给内部有关部门的备用金  B. 应向职工收取的各种垫付款项
  C. 支付的可以收回的定金或押金  D. 职工预借的差旅费

### 三、判断题

1. 行政单位可以用暂时闲置的现金及各种存款购买有价证券。（　）
2. 行政单位的应收款项应根据具体情况计提相应的坏账准备。（　）
3. 银行本票存款不属于政府会计主体的流动资产。（　）
4. 政府单位对于所有的现金收支业务，在采用财务会计核算的同时应当进行预算会计核算。（　）
5. 政府单位可以根据"银行对账单"调整"银行存款日记账"。（　）
6. 政府单位通过"财政应返还额度"科目核算实行国库集中支付的单位应收财政返还的资金额度，包括可以适用的以前年度财政直接支付资金额度和财政应返还的财政授权支付资金额度。因此，该科目设置"财政直接支付"和"财政授权支付"两个明细科目进行明细核算。（　）
7. 如果甲政府会计主体在票据到期前向银行贴现，并附有追索权，则甲政府会计主体应按票据面值确认短期借款，按实际收到的金额（即减去贴现息后的净额）与票据金额之间的差额确认为"其他费用"。（　）
8. 政府会计主体出纳、记账、采购三方面的职务，可以由一人或者两人担任。（　）
9. 政府会计主体单位付出保证金、押金、暂付款或备用金等，都应定期清理核对，到期不需要及时收回。（　）
10. 事业单位坏账准备的计提方法不得随意变更，如需变更，应当按照规定报经批准，并在财务报表附注中予以说明。（　）

### 四、业务题

1. 2022年1月5日，某行政单位从单位零余额账户中提取现金1 000元，以备日常零星开支使用。同年1月6日，该行政单位以库存现金支付一笔款项200元，内容为日常活动中发生的费用。该行政单位该如何编制会计分录？
2. 某事业单位于2022年1月15日将款项5 000元交存银行取得相应数额的银行汇票。

2022年1月20日，该事业单位用该银行汇票购买了一批库存物品，款项为5 000元。请编制该事业单位的会计分录。

3. 某科研事业单位2022年1月末银行存款日记账余额为104 000元，银行送来对账单上的余额为100 000元，经查未达账项如下：

（1）单位月末收到从其他单位转入的转账支票15 000元，尚未到银行办理进账。

（2）银行代缴单位水电费2 000元，但单位尚未收到付款通知。

（3）单位委托银行代收外地科研项目经费收入12 000元，银行已入账，但单位尚未收到收款通知。

（4）单位开出现金支票1 000元，持票人尚未到银行兑现，银行未入账。

要求：根据资料编制"银行存款余额调节表"。

## 五、案例分析题

小李是某省某厅财务处出纳，由于刚参加工作不久，对于货币资金业务管理和核算的相关规定不甚了解，所以出现了一些工作上的失误。其在2021年9月11日和13日两天进行现金清查过程中，分别发现现金短缺40元和现金溢余30元的情况，对此他经过反复查找也没能查清楚原因。为了将事情平息下来，同时又考虑到两次账实不符的金额又很小，他决定采取下列办法进行处理：现金短缺40元，自掏腰包补齐；现金溢余30元，暂时收起。

问题：1. 小李对上述两笔现金清查业务的处理是否正确？为什么？
2. 你认为正确的处理方法是什么？

（屈少晶）

# 第三章 存 货

**思考题**

1. 政府部门确认存货的条件有哪些?
2. 政府单位主体哪些支出在发生时,应当确认为当期费用,不计入存货成本?
3. 政府会计主体在财务报表附注中应该披露与存货有关的哪些信息?

## 一、单项选择题

1. 下列属于事业单位"库存物品"科目核算内容的是(　　)。
    A. 医院自制的药品和卫生材料　　B. 高校购入并验收入库的日常办公用品
    C. 高校建设完成的基建工程　　　D. 科研所完成的科研课题
2. 行政单位材料采购运输过程中发生的差旅费、运杂费等计入(　　)。
    A. 库存材料价值　　B. 其他费用
    C. 其他支出　　　　D. 经营支出
3. 行政单位购入的大宗办公用品、专用材料等验收入库时应当记入(　　)科目。
    A. "固定资产"　　B. "经营支出"
    C. "库存物品"　　D. "银行存款"
4. 某行政单位采购材料一批,购价 2 000 元,运费 100 元,采购人员差旅费 150 元,该项材料入账金额为(　　)元
    A. 2 100　　B. 2 250
    C. 2 000　　D. 2 150
5. 政府会计主体盘盈的存货,没有相关凭据,但按规定经过资产评估的,其成本按照(　　)确定。
    A. 名义金额　　B. 重置成本
    C. 可变现净值　　D. 评估价值
6. (　　)核算单位采购材料等物资时,货款已付或已开出商业汇票但尚未验收入库

的在途物品的采购成本。

A. 库存物品　　　　　　　　B. 在途物品
C. 加工物品　　　　　　　　D. 工程物资

7. 单位应当定期对库存物品进行清查盘点，每年至少盘点（　　）次。

A. 一　　　　　　　　　　　B. 二
C. 三　　　　　　　　　　　D. 四

8. 政府会计主体盘盈的存货，没有相关凭据，也未经过评估的，其成本按照（　　）确定。

A. 名义金额　　　　　　　　B. 重置成本
C. 可变现净值　　　　　　　D. 评估价值

9. 某行政单位8月购买并领用办公桌4台，每台价值200元，采用五五摊销法，领用时摊销的价值为（　　）。

A. 0　　　　　　　　　　　B. 200
C. 400　　　　　　　　　　D. 800

10. 事业单位收到外单位捐赠的存货，应计入（　　）。

A. 事业收入　　　　　　　　B. 其他收入
C. 经营收入　　　　　　　　D. 事业基金

11. 行政单位购买控制的政府储备物资，应通过（　　）科目核算。

A. "库存物品"　　　　　　　B. "政府储备物资"
C. "其他支出"　　　　　　　D. "经营支出"

12. 单位应当定期对库存物品进行清查盘点，对于发生的库存物品盘盈、盘亏或者报废、毁损，应当先计入（　　）科目，按照规定报经批准后及时进行后续账务处理。

A. "待处理财产损益"　　　　B. "管理费用"
C. "营业外支出"　　　　　　D. "其他费用"

13. 未完成的测绘、地质勘查、设计成果的实际成本，通过（　　）核算。

A. 库存物品　　　　　　　　B. 在途物品
C. 加工物品　　　　　　　　D. 工程物资

14. 存货在取得时，应当按照（　　）入账。

A. 计划成本　　　　　　　　B. 实际成本
C. 预计成本　　　　　　　　D. 购买价

15. 政府会计主体委托外单位加工的存货，支付的收回后用于连续生产应税消费品的消费税，应计入（　　）科目。

A. "应交税费——应交消费税"   B. "加工物品——委托加工物品"
C. "其他应缴税费——应交消费税"   D. "以上都不对"

16. 政府单位主体，经批准对外出售的库存物品发出时，按照库存物品的账面余额，借记（　　），贷记"库存物品"科目。

    A. "其他业务成本"   B. "主营业务成本"
    C. "经营支出"   D. "资产处置费用"

17. 存货盘亏造成的损失，按规定经报批后应当计入（　　）科目。

    A. "管理费用"   B. "经营费用"
    C. "资产处置费用"   D. "营业外支出"

18. 政府会计主体通过置换取得的存货验收入库，按照确定的成本，借记"库存物品"，按照换出资产的账面余额，贷记相关资产科目；置换过程中发生的其他相关支出，贷记"银行存款"等科目，按照借贷方的差额，应该（　　）。

    A. 借贷都记入"资产处置费用"
    B. 借记"资产处置费用"或贷记"其他收入"
    C. 借贷都记入"管理费用"
    D. 以上都不对

19. 某政府单位购进农产品一批，支付买价12 000元，装卸费1 000元，入库前挑选整理费400元。按照税法规定，该购进农产品可按买价的13%抵扣增值税额。该批农产品的采购成本为（　　）元。

    A. 12 000   B. 12 200
    C. 13 000   D. 11 840

20. 下列各项中，应计入单位外购存货实际成本中的有（　　）。

    A. 入库后的挑选整理费
    B. 入库后的合理损耗
    C. 存货采购过程中因遭受意外灾害发生的净损失
    D. 外购商品过程中发生的运输费、装卸费、保险费等

## 二、多项选择题

1. 下列各项中，计入行政单位库存材料成本的有（　　）。

    A. 买价   B. 运杂费
    C. 差旅费   D. 税费

2. 政府会计主体应当根据实际情况，采用（　　）确定发出存货的实际成本。

    A. 先进先出法   B. 加权平均法

C. 个别计价法　　　　　　　　D. 以上选项都对

3. 以下项目中可通过"加工物品"科目核算的是（　　）。
   A. 未完成的测绘、地质勘查的实际成本
   B. 未完成的设计成果的实际成本
   C. 单位自制的各种物品的实际成本
   D. 委托外单位加工的各种物品的实际成本

4. 为自制物品发生的间接费用，按照实际发生的金额，借记"加工物品—自制物品—间接费用"科目，贷记相应的（　　）等科目。
   A. 零余额账户用款额度　　　　B. 固定资产累计折旧
   C. 应付职工薪酬　　　　　　　D. 无形资产累计摊销

5. 政府单位主体对于低值易耗品、包装物的摊销方法，可以采用（　　）。
   A. 一次摊销法　　　　　　　　B. 五五摊销法
   C. 累计摊销法　　　　　　　　D. 净值摊销法

6. 盘盈的存货按照规定报批后处理时，借记"待处理财产损益"科目，贷记（　　）。
   A. 管理费用　　　　　　　　　B. 营业外支出
   C. 单位管理费用　　　　　　　D. 业务活动费用

7. 下列各项中，单位应计入收回委托加工物资成本的有（　　）。
   A. 支付的加工费
   B. 随同加工费支付的增值税
   C. 支付的收回后继续加工应税消费品的委托加工物资的消费税
   D. 支付的收回后直接销售的委托加工物资的消费税

8. 下列项目中，应计入单位存货采购成本的有（　　）。
   A. 进口商品支付的关税　　　　B. 小规模纳税人购进商品支付的增值税
   C. 支付的包装费　　　　　　　D. 支付的印花税

9. 政府会计主体单位存货应当按照实际成本进行初始计量，存货的成本包括（　　）。
   A. 采购成本　　　　　　　　　B. 加工成本
   C. 非正常损耗的成本　　　　　D. 其他成本

10. 政府单位无偿调入的存货，其成本按照调出方账面价值加上相关税费、运输费等确定，财务会计处理中，应借记"库存物品""其他费用"等科目，贷记（　　）。
    A. "银行存款"　　　　　　　　B. "无偿调拨净资产"
    C. "零余额账户用款额度"　　　D. "资金结存"

### 三、判断题

1. 行政单位购入的各种材料、物资、办公用品等，都应做库存物品核算。（  ）
2. 行政单位材料采购费用，计入材料采购成本。（   ）   （  ）
3. 成本无法可靠取得的存货，单位应当设置备查簿进行登记，待成本确定后按照规定及时入账。（  ）
4. 存货最基本的特征是为耗用或出售，而不是自用，这一特征使存货明显区别于固定资产等长期资产。（  ）
5. 存货的初始计量，是指对存货取得时登记入账的金额的计量。（  ）
6. 存货购买价款，是指购入存货的发票账单上列明的价款，包括按规定可以抵扣的增值税额。（  ）
7. 仓储费用计入存货成本，包括在加工过程中为达到下一个加工阶段所必需的费用。（  ）
8. 政府会计主体自行加工的存货，其成本包括耗用的直接材料费用、发生的直接人工费用和按照一定方法分配的与存货加工有关的间接费用。（  ）
9. 单位控制的政府储备物资，应当通过"库存物品"科目核算。（  ）
10. "加工物品"科目不需设置明细科目，直接按照物品类别、品种、项目等进行明细核算。（  ）

### 四、业务题

1. 某行政单位采购一批材料，货款 3 000 元通过单位零余额账户用款额度支付，材料尚未验收入库。数日后，该批材料到达并验收入库，确定的采购成本为 3 000 元，增值税税率 13%。该行政单位应如何编制会计分录？

2. 某事业单位委托外单位加工一批物品，发给外单位一批加工材料，实际成本为 40 000 元。一个月后，该批物品加工完成，该事业单位以银行存款向加工单位支付加工费 1 500 元，增值税税率 13%，加工完成的物品已收回并验收入库。该事业单位该如何编制会计分录？

### 五、案例分析题

某科研事业单位 2022 年 2 月发生以下有关存货的业务，请根据资料，进行相应的账务处理。

（1）2 月 8 日向甲企业购入科研材料一批，成本为 50 000 元（不含增值税），款项采用授权支付方式,用零余额账户用款额度支付,双方适用的增值税税率为13%,材料尚未到达。

(2) 2月10日,上述材料验收入库,单位暂时作为自用。

(3) 2月11日,该单位委托乙企业加工产品,领用该科研材料20 000元。

(4) 2月15日,产品加工完毕,该科研单位支付加工费8 000元(不含增值税),产品验收入库,加工费通过银行存款支付,双方适用的增值税税率为13%。

(5) 2月20日,接受丙单位捐赠实验材料一批,该实验材料账面价值为30 000元,评估价值为35 000元,取得增值税专用发票,适用的增值税税率为13%。科研单位收到实验材料作为非独立存货核算,并支付含增值税的运费545元,适用的增值税税率为9%,运费通过银行存款支付。

(6) 2月27日,盘点仓库材料,发现8号购进的科研材料发生毁损1 000元。

(7) 2月28日,经批准,发生毁损的科研材料计入当期费用。

(屈少晶)

# 第四章 投 资

**思考题**

1. 行政事业单位对外投资的目的何在？投资可以分为哪几类？
2. 短期投资与长期投资有什么区别？
3. 试述短期投资取得、收益和出售的会计处理方法。
4. 试述短期投资在会计报表上的列示方法。
5. 试述长期投资成本法及其适用性。
6. 试述长期投资权益法及其适用性。
7. 试述长期投资在会计报表中的列示方法。
8. 试述其他长期投资入账价值的确认，收到投资利润和收回投资的会计处理方法。

## 一、单项选择题

1. 下列关于长期股权投资成本法不正确的是（    ）。
    A. 在成本法下，长期股权投资的账面余额通常保持不变
    B. 追加或收回投资时，应当相应调整其账面余额
    C. 持有期间，被投资单位宣告分派的现金股利或利润，应当按照宣告分派的现金股利或利润中属于政府会计主体应享有的份额确认为投资收益
    D. 被投资单位宣告分派的现金股利或利润时，不做相关处理
2. 行政单位没有长期债权投资，所以这里的长期债权投资主要就是指事业单位购买的（    ）。
    A. 股票                         B. 衍生工具
    C. 可转换债券                   D. 长期国库券
3. 政府会计具体准则中计量要求不包括（    ）。
    A. 历史成本                     B. 重置成本
    C. 现值                         D. 可变现净值

4. 短期投资在取得时，初始投资成本为（　　）。
   A. 实际成本　　　　　　　　　B. 公允价值
   C. 购买价款　　　　　　　　　D. 相关税费

5. 行政单位没有长期债权投资，所以这里的长期债权投资主要就是指事业单位购买的（　　）。
   A. 股票　　　　　　　　　　　B. 衍生工具
   C. 可转换债券　　　　　　　　D. 长期国库券

6. 对于分期付息、一次还本的长期债券投资，应当将计算确定的应收未收利息确认为应收利息，计入（　　）。
   A. 财务费用　　　　　　　　　B. 管理费用
   C. 投资收益　　　　　　　　　D. 营业外收入

7. 政府会计主体按规定出售或到期收回的长期债券投资，应当将实际收到的价款扣除长期债券投资账面余额和相关税费后的差额计入（　　）。
   A. 投资损益　　　　　　　　　B. 营业外收入
   C. 管理费用　　　　　　　　　D. 财务费用

8. 采用权益法核算的长期股权投资，在处置该项投资时，还应按照相应比例将原计入净资产的部分结转至（　　）。
   A. 营业外收入　　　　　　　　B. 投资收益
   C. 财务费用　　　　　　　　　D. 其他业务收入

9. 政府会计主体因处置部分长期股权投资等原因，无权再决定被投资单位的财务和经营政策或者参与被投资单位的财务和经营政策决策的，应当对处置后的剩余股权投资改按（　　）核算。
   A. 成本法　　　　　　　　　　B. 权益法
   C. 金融资产　　　　　　　　　D. 持有至到期投资

10. 被投资单位发生净亏损后年度又实现净利润的，政府会计主体在其收益分享额弥补未确认的亏损分担额后，恢复确认（　　）。
    A. 投资收益　　　　　　　　　B. 营业外收入
    C. 冲减财务费用　　　　　　　D. 其他业务收入

11. 政府会计具体准则中计量要求不包括（　　）。
    A. 历史成本　　　　　　　　　B. 重置成本
    C. 名义金额　　　　　　　　　D. 账面价值

12. 四项具体准则不适用于（　　）。
    A. 与本级政府财政部门直接或者间接发生预算拨款关系的国家机关

B. 各级政府

C. 军队

D. 企业

13. 收到短期投资购买时已到付息期但尚未收到的利息时，财务会计应该贷记（    ）。

   A. "短期投资"  B. "投资支出"

   C. "投资收益"  D. "投资预算收益"

14. 短期投资在取得时，按实际支付的金额，财务会计需要做的处理是（    ）。

   A. 借记"短期投资"科目，贷记"银行存款"等科目

   B. 借记"投资支出"科目，贷记"资金结余（货币资金）"科目

   C. 借记"投资支出"科目，贷记"银行存款"科目

   D. 借记"银行存款"科目，贷记"短期投资"科目

15. 某事业单位购入国债3 000份，面值100元，2年期，票面年利率5%，债券到期一次还本付息，款项共计301 500元，以银行存款支付，价款中包含已到付息期但尚未领取的债券利息1500元，则该债券初始投资成本为（    ）元。

   A. 301 500  B. 300 000

   C. 311 500  D. 315 000

16. 采用成本法核算的长期股权投资，被投资单位宣告发放现金股利或利润时，按照应收的金额（    ）。

   A. 借记"应收股利"科目，贷记"投资收益"科目

   B. 借记"应收股利"科目，贷记"长期股权投资"科目

   C. 借记"银行存款"科目，贷记"应收股利"科目

   D. 借记"银行存款"科目，贷记"长期股权投资"科目

17. 关于长期债券投资，下列说法不正确的是（    ）。

   A. 该科目核算持有时间超过1年（含1年）的债券投资

   B. 该科目应设置"成本"和"应计利息明细科目"

   C. 该科目应按照债券投资的种类进行明细核算

   D. 行政单位会计无该科目

18. 下列项目中，不属于事业单位对外投资核算内容的是（    ）。

   A. 公司债券和国库券投资  B. 债权性投资

   C. 对附属单位补助  D. 权益性投资

## 二、多项选择题

1. 下列属于长期股权投资权益法核算的有（    ）。

A. 被投资单位宣告发放现金股利或利润时，按照应收的金额，借记"应收股利"科目，贷记"投资收益"科目

B. 按照应享有或应分担的被投资单位实现的净损益的份额，确认为投资损益，同时调整长期股权投资的账面余额

C. 按照被投资单位宣告分派的现金股利或利润计算应享有的份额，确认为应收股利，同时减少长期股权投资的账面余额

D. 按照被投资单位除净损益和利润分配以外的所有者权益变动的份额，确认为净资产，同时调整长期股权投资的账面余额

2. 长期债券投资持有期间，资产负债表日应按债券票面价值与票面利率计算确认利息收入，如为到期一次还本付息的债券投资，应（    ）。

A. 借记"长期债券投资（应收利息）"科目

B. 借记"应收利息"科目

C. 贷记"投资收益"科目

D. 贷记"应收利息"科目

3. 以支付现金取得的长期股权投资，应计入其初始投资成本的有（    ）。

A. 购买价款（未含已宣告但尚未发放的现金股利）

B. 实际支付价款中包含的已宣告但尚未发放的现金股利

C. 相关税费

D. 持有期间取得的利息收入

4. 对投资定义和分类的理解，具体来说从以下四个方面了解（    ）。

A. 政府会计主体投资的目的是国有资产的保值增值

B. 政府会计的投资是指狭义投资的对外投资

C. 政府会计主体的投资分为短期投资和长期投资，是以取得持有时间是否超过1年为标准，而不是投资目的

D. 应当严格政府会计主体对外投资，而且严控投资风险

5. 政府会计主体的投资分为（    ）。

A. 长期投资          B. 短期投资

C. 经营投资          D. 金融投资

6. 下列关于政府取得的长期股权投资，说法正确的有（    ）。

A. 长期股权投资在取得时，应当按照实际成本作为初始投资成本

B. 以支付现金取得的长期股权投资，按照实际支付的全部价款（包括购买价款和相关税费）作为实际成本

C. 接受捐赠的长期股权投资，其成本按照有关凭据注明的金额加上相关税费确定；

没有相关凭据可供取得，但按规定经过资产评估的，其成本按照评估价值加上相关税费确定；没有相关凭据可供取得、也未经资产评估的，其成本比照同类或类似资产的市场价格加上相关税费确定

D. 无偿调入的长期股权投资，其成本按照调出方账面价值加上相关税费确定

7. 政府会计主体应当在附注中披露与投资有关的下列信息（　　）。

A. 短期投资的增减变动及期初、期末账面余额

B. 各类长期债权投资和长期股权投资的增减变动及期初、期末账面余额

C. 长期股权投资的投资对象及核算方法

D. 当期发生的投资净损益，其中重大的投资净损益项目应当单独披露

8. 《中央级事业单位国有资产处置管理暂行办法》第三十四条中央级事业单位利用国有资产对外投资形成的股权（权益）的出售、出让、转让收入，按以下规定办理（　　）。

A. 利用实物资产、无形资产对外投资形成的股权（权益）的出售、出让、转让收入，收入形式为现金的，扣除投资收益，以及税金、评估费等相关费用后，上缴中央国库，实行"收支两条线"管理；投资收益纳入单位预算，统一核算，统一管理

B. 利用实物资产、无形资产对外投资形成的股权（权益）的出售、出让、转让收入，收入形式为资产和现金的，现金部分扣除投资收益，以及税金、评估费等相关费用后，上缴中央国库，实行"收支两条线"管理

C. 利用现金对外投资形成的股权（权益）的出售、出让、转让，属于中央级事业单位收回对外投资，股权（权益）出售、出让、转让收入纳入单位预算，统一核算，统一管理

D. 利用现金、实物资产、无形资产混合对外投资形成的股权（权益）的出售、出让、转让收入，按照本条第（一）（二）项的有关规定分别管理

9. 取得长期股权投资后，政府会计主体对于被投资单位所有者权益的变动，应当按照下列规定进行核算（　　）。

A. 按照应享有或应分担的被投资单位实现的净损益的份额，确认为投资收益，同时调整长期股权投资的账面余额

B. 按照被投资单位宣告分派的现金股利或利润计算应享有的部分，确认为应收股利，同时减少长期股权投资的账面余额

C. 按照被投资单位除净损益和利润分配以外的所有者权益变动的份额，确认为净资产，同时调整长期股权投资的账面余额

D. 不进行账务处理

10. 长期股权投资按照对被投资单位的影响力不同，分为以下四种类型（   ）。
    A. 政府会计主体对被投资单位能够实施控制的长期股权投资
    B. 政府会计主体对被投资单位能够实施共同控制的长期股权投资
    C. 政府会计主体对被投资单位能够实施重大影响的长期股权投资
    D. 政府会计主体对被投资单位不能实施控制、共同控制和重大影响的长期股权投资

11. 四项具体准则出台的意义有（   ）。
    A. 是财政部贯彻落实党中央、国务院关于建立权责发生制政府综合财务报告制度的决策部署的重要举措
    B. 是政府基于现状作出的不会持续发生变化的具体准则
    C. 标志着政府会计准则体系建设工作继《基本准则》出台后又迈出了坚实一步
    D. 进一步规范政府会计主体的会计核算，提高会计信息质量，夯实国有资产管理基础，保障权责发生制政府综合财务报告制度改革顺利推进

12. 制定四项具体准则遵循的原则（   ）。
    A. 依据和遵循《基本准则》
    B. 借鉴企业会计经验并充分考虑政府会计特点
    C. 与比较分析制度充分协调
    D. 适当简化操作

13. 制定四项具体准则遵循的适当简化操作原则中包括（   ）。
    A. 固定资产折旧和无形资产摊销均不考虑残值，且在折旧和摊销方法上要求一般采用年限平均法或工作量法
    B. 不要求对资产计提减值准备
    C. 可以高估资产和负债
    D. 长期股权投资后续计量采用简化的权益法

14. 下列关于政府单位长期投资取得时的会计处理表述中，正确的有（   ）。
    A. 应按其实际成本作为投资成本
    B. 以固定资产、无形资产取得的长期股权投资，按照非现金资产的账面价值加上相关税费作为投资成本
    C. 事业单位收到取得长期投资时实际支付价款中包含的已到付息期但尚未领取的利息时，在预算会计中贷记的会计科目是"投资支出"
    D. 成本法核算的长期股权投资，持有期间收到现金股利或利润时，记入"投资预算收益"科目

15. 关于事业单位的对外投资，下列说法正确的是（   ）。

A. 对外投资形式包括债权投资和股权投资
B. 长期股权投资持有期间采用权益法还是成本法核算，取决于投资单位是否有权决定或参与被投资单位的财务和经营决策
C. 事业单位使用"财政资金"对外投资，必须履行相关审批程序
D. 长期债券投资持有期间，应按期以票面金额与票面利率计算确认利息收入
E. 投资单位应在会计报表附注中披露长期股权投资的投资对象及核算方法

### 三、判断题

1. 短期投资，是指政府会计主体取得的持有时间不超过1年（含1年）的投资。（    ）
2. 政府会计主体投资的目的是国有资产的出售。（    ）
3. 政府会计主体的投资分为短期投资和长期投资，是以取得持有时间是否超过1年为标准，而不是投资目的。（    ）
4. 政府短期投资中，实际支付价款中包含的已到付息期但尚未领取的利息，应当于收到时冲减短期投资成本。（    ）
5. 长期债券投资在取得时，应当按照实际成本作为初始投资成本。实际支付价款中包含的已到付息期但尚未领取的债券利息，应当单独确认为应收利息，不计入长期债券投资初始投资成本。（    ）
6. 以现金以外的其他资产置换取得的长期股权投资，其成本按照换出资产的评估价值加上支付的补价或减去收到的补价，加上换入长期股权投资发生的其他相关支出确定。（    ）
7. 长期债券投资持有期间，应当按期以票面金额与实际利率计算确认利息收入。（    ）
8. 政府会计主体无权决定被投资单位的财务和经营政策或无权参与被投资单位的财务和经营政策决策的，应当采用成本法进行核算。（    ）
9. 政府会计主体因追加投资等原因对长期股权投资的核算从成本法改为权益法的，应当自有权决定被投资单位的财务和经营政策或者参与被投资单位的财务和经营政策决策时，按成本法下长期股权投资的账面余额加上追加投资的成本作为按照权益法核算的初始投资成本。（    ）
10. 成本法和权益法取决于两种损益确认观点。权益法认为收到被投资方分来的利润时才实现投资收益，而成本法认为投资是对被投资方净资产的要求权，被投资方所有者权益增加，则本单位收益增加，反之亦然。因此两种方法的选择是基于本单位对被投资方的影响程度而定。当本单位能够控制被投资方，通过控制被投资

方实现收益，采用权益法。本单位的投资对被投资方不构成影响时则使用成本法，只有分得股利时才确认收益。（　　）

11. 在成本法下，长期股权投资的账面余额通常保持不变，但追加或收回投资时，应当相应调整其账面余额。（　　）

### 四、业务题

1. 2021年3月10日，某事业单位以240万元购入国债作为短期投资，其中包含尚未领取的债券利息10万元，另外还单独支付了手续费5万元。同年6月8日，该事业单位收到债券利息10万元；10月31日，又收到该国债持有期的利息5万元；11月10日，以260万元出售该短期投资。请按照收益纳入本单位预算管理并确认投资收益和投资收益需要上缴财政的、不能确认投资收益的这两种情况分别做出会计处理。

2. 2021年1月10日甲事业单位以300万元投资于乙公司，占乙公司表决权的10%，无权参与乙公司的财务和经营政策决策，采用成本法核算。同年4月15日乙公司宣告2020年度的现金股利75万元，甲事业单位6月5日收到现金股利，乙公司2021年度实现净利润80万元，2022年度发生净亏损100万元，2023年10月8日甲事业单位以350万元价格出售给丙公司。请为甲事业单位做出相应的会计处理。

3. 2021年1月10日甲事业单位以300万元投资于乙公司，占乙公司表决权的60%，能够参与乙公司的财务和经营政策决策，采用权益法核算。同年4月15日乙公司宣告2020年度的现金股利75万元，甲事业单位6月5日收到现金股利，乙公司2021年度实现净利润50万元，2022年度发生净亏损200万元，2023年10月8日甲事业单位以350万元价格出售给丙公司。请为甲事业单位做出相应的会计处理。

### 五、案例分析题

资料：李某某是某镇政府出纳员，经单位同意，她用个人资料另行开立银行账户保管公款。其间，"好心"的李某某多次挪用该账户公款550万元购买理财产品，并将本金和所得收益汇入该账户，自己并未从中获益。

讨论：李某某这样的操作，是否可行？如果不可行，是否存在违法违规？依据是什么？

（林涛）

# 第五章　固定资产

**思考题**

1. 什么是固定资产？固定资产的确认条件是什么？
2. 不同来源的固定资产，如何确定其原始价值？
3. 什么是固定资产后续支出？政府会计主体对固定资产后续支出的会计处理是如何规定的？

## 一、单项选择题

1. 政府会计主体自行建造的固定资产，其成本包括该项资产至交付使用前所发生的全部必要支出。下列各项不属于"资产至交付使用前所发生的全部必要支出"的是（　　）。
   A. 工程用物资成本　　　　　　B. 工程人工成本
   C. 应予资本化的借款费用　　　D. 单独计价的土地使用权
2. 政府会计主体对固定资产进行更新改造，改良支出应记入（　　）。
   A. 当期损益　　　　　　　　　B. 固定资产账面价值
   C. 资产处置费用　　　　　　　D. 待处理财产损溢
3. 下列固定资产核算业务，预算会计无需做账务处理的是（　　）。
   A. 购入属于自用的固定资产　　B. 支付工程人员薪酬
   C. 固定资产安装完工交付使用　D. 发包工程预付工程款
4. 行政单位固定资产变卖时按（　　）注销。
   A. 历史成本减折旧　　　　　　B. 账面原价
   C. 完全重置成本　　　　　　　D. 账面净价
5. 某行政单位一项固定资产的账面原值为100 000元，已提折旧30 000元，现对其进行改扩建，扩建过程中拆除部分建筑账面价值为20 000元，并获得残值收入1 000元，发生改扩建支出10 000元。扩建后固定资产的原值为（　　）。

A. 60 000 元 B. 70 000 元
C. 80 000 元 D. 59 000 元

6. 事业单位购入打印机一台，买价 6 000 元，运杂费 200 元，安装费 200 元，采购人员差旅费 300 元，按规定此打印机的入账价值为（   ）元。
   A. 6 400 B. 6 700
   C. 6 000 D. 6 200

7. 事业单位发生的构建计算机硬件、软件等信息网络方面的支出，如果按财务会计制度的规定可以作为固定资产进行确认的，应当归入（   ）支出。
   A. 基础设施建设 B. 专用材料费
   C. 办公费 D. 信息网络购建

8. 行政单位购买办公用一般设备发生的支出，可列入"目"级科目的有（   ）。
   A. 公务费 B. 设备购置费
   C. 业务费 D. 修缮费

9. 以下项目中，不属于行政事业单位固定资产的是（   ）。
   A. 文物和陈列品 B. 图书
   C. 办公用品 D. 一般设备

10. 行政单位无偿调入的固定资产，按（   ）入账。
    A. 估价 B. 市场价格
    C. 重置完全价值 D. 计划价格

11. 事业单位出售、报废、毁损固定资产净值应计入（   ）。
    A. 事业结余 B. 事业基金
    C. 专用基金 D. 其他收入

12. 政府会计主体自行建造固定资产时，应计入"在建工程——其他投资"明细科目的是（   ）。
    A. 设备成本 B. 勘察费
    C. 办公生活用家具支出 D. 土地使用税

13. 事业单位融资租入固定资产，应付的租金列入（   ）账户。
    A. 预收账款 B. 其他应付款
    C. 事业支出 D. 经营支出

14. 行政事业单位购入固定资产扣留质量保证金，扣留期在 1 年以内的，应当在取得固定资产时，按照扣留的质量保证金数额，财务会计贷记（   ）科目。
    A. "应付账款" B. "长期应付款"
    C. "长期待摊费用" D. "其他应付款"

15. 政府会计主体盘盈的固定资产，按规定经过资产评估的，其成本按照评估价值确定；未经资产评估的，其成本入账依据为（　　）。
    A. 现值　　　　　　　　　　B. 重置成本
    C. 公允价值　　　　　　　　D. 买价

16. 为建造固定资产借入的专门借款的利息，不属于建设期间发生的，计入（　　）。
    A. 在建工程　　　　　　　　B. 营业外支出
    C. 财务费用　　　　　　　　D. 其他业务成本

17. 政府会计主体一般应采用的折旧方法为（　　）。
    A. 直线法　　　　　　　　　B. 年数总和法
    C. 双倍余额递减法　　　　　D. 加速折旧法

18. 下列选项中，政府会计主体应当计提固定资产折旧的是（　　）。
    A. 文物和陈列品　　　　　　B. 以名义金额计量的固定资产
    C. 图书、档案　　　　　　　D. 购入的机器设备

19. 关于固定资产，下列说法不正确的是（　　）。
    A. 应用软件不构成相关硬件不可缺少的组成部分的，应当将该软件确认为固定资产
    B. 购建房屋及构筑物时，不能分清购建成本中的房屋及构筑物部分与土地使用权部分的，应当全部确认为固定资产
    C. 以一笔款项购入多项没有单独标价的固定资产，应当按照各项固定资产同类或类似资产市场价格的比例对总成本进行分配，分别确定各项固定资产的成本
    D. 外购的固定资产，其成本包括购买价款、相关税费及固定资产交付使用前所发生的可归属于该项资产的运输费等

20. 政府会计主体自行建造的固定资产确认时点为（　　）。
    A. 达到预定可使用状态时　　B. 办理竣工决算手续时
    C. 未完工时　　　　　　　　D. 建造完成交付使用时

## 二、多项选择题

1. 下列关于固定资产折旧的表述中，正确的是（　　）。
    A. 固定资产折旧年限变更属于会计估计变更
    B. 政府会计主体应该对其持有的所有固定资产计提折旧
    C. 固定资产提足折旧后，无论能否继续使用，均不再计提折旧
    D. 政府会计主体应当对暂估入账的固定资产计提折旧，实际成本确定后需调整原已计提的折旧额

2. 在确定固定资产折旧范围时,说法不正确的是（      ）。

   A. 提前报废的固定资产,不再补提折旧

   B. 已提足折旧的固定资产,可以继续使用的,不应当继续使用

   C. 固定资产因改建、扩建或修缮等原因而延长其使用年限的,不应当按照重新确定的固定资产的成本以及重新确定的折旧年限计算折旧额

   D. 因大修理停用的固定资产应计提折旧

3. 以下属于固定资产分类的是（      ）。

   A. 房屋及构筑物             B. 通用设备

   C. 专用设备                 D. 家具、用具、装具

4. 以下属于折旧年限不低于 5 年的是（      ）。

   A. 通信设备                 B. 车辆

   C. 计算机设备               D. 构筑物

5. 下列关于固定资产说法正确的有（      ）。

   A. 是政府会计主体为满足自身开展业务活动或其他活动需要而控制的

   B. 使用年限超过 1 年（不含 1 年）的

   C. 使用过程中基本保持原有物质形态的资产

   D. 固定资产单位价值规定标准中专用设备单位价值在 1000 元以上的

6. 政府会计主体确定固定资产的折旧年限时,应当考虑的因素有（      ）。

   A. 预计实现服务潜力或提供经济利益的期限

   B. 预计有形损耗和无形损耗

   C. 法律或者类似规定对固定资产使用的限制

   D. 上级主管部门规定的折旧年限

7. 分别将各组成部分确认为单项固定资产需要满足的条件包括（      ）。

   A. 固定资产的各组成部分具有不同使用年限

   B. 固定资产以不同方式为政府会计主体实现服务潜力或提供经济利益

   C. 适用不同折旧率或折旧方法

   D. 可以分别确定各自原价

8. 适用于《政府会计准则第 3 号——固定资产》核算的内容是（      ）。

   A. 政府储备物资             B. 保障性住房

   C. 事业单位办公楼           D. 行政单位的专用设备

9. 确认固定资产时,下列说法正确的是（      ）。

   A. 应用软件构成相关硬件不可缺少的组成部分的,应当将该软件的价值包括在所属的硬件价值中,一并确认为固定资产

B. 购建房屋及构筑物时，能够分清购建成本中的房屋及构筑物部分与土地使用权部分的，应当将其中的房屋及构筑物部分确认为固定资产，将其中的土地使用权部分确认为无形资产

C. 固定资产在使用过程中发生符合固定资产确认条件的后续支出，应当计入固定资产成本

D. 保证固定资产正常使用而发生的日常修理支出，应当计入固定资产成本

10. 政府会计主体自行建造固定资产时，应计入"在建工程——待摊投资"明细科目的是（　　）。

　　A. 设计费　　　　　　　　　B. 基本畜禽支出
　　C. 研究实验费　　　　　　　D. 土地复垦费

## 三、判断题

1. 自行建造、改建、扩建的固定资产，在建造完成交付使用时确认。（　　）
2. 使用年限超过一年，但是单位价值未达到规定标准的图书、家具、用具等不是固定资产。（　　）
3. 应用软件即使是构成相关硬件不可缺少的部分，也不属于固定资产，应确认为无形资产。（　　）
4. 政府会计主体通过置换取得的固定资产，其成本按照换出资产的评估价值加上支付的补价或减去收到的补价，加上换入固定资产发生的其他相关支出确定。（　　）
5. 已交付使用但尚未办理竣工决算手续的固定资产，应当按照估计价值入账，待办理竣工决算后再按实际成本调整原来的暂估价值。（　　）
6. 构建房屋和建筑物时，应将房屋及构筑物部分与土地使用权部分全部确认为固定资产。（　　）
7. 为建造固定资产借入的专门借款利息，应全部计入在建工程成本。（　　）
8. 政府会计主体确定固定资产使用年限，应当考虑法律或者类似规定对资产使用的限制。（　　）
9. 政府会计主体不用对经营租出的固定资产计提折旧。（　　）
10. 政府会计主体接受捐赠的固定资产，没有相关凭据且未经资产评估、同类或类似资产的市场价格也无法可靠取得的，按照名义金额入账，相关税费、运输费等计入当期费用。（　　）

### 四、业务题

1. 某事业单位用事业经费购入一项新设备，买价为300 000元，运杂费500元，安装费为1 000元，款项以银行存款支付，该项固定资产安装完毕交付使用。请问如何做账务处理？

2. 某行政单位改建一栋办公楼，原值为6 000 000元，已计提折旧4 000 000元。改建过程中发生改建支出2 700 000元，用零余额账户用款额度支付。改建完工后，验收合格，投入使用。请问如何做账务处理？

### 五、案例分析题

甲单位为省级事业单位，于2020年1月1日起执行新《事业单位会计制度》并对固定资产计提折旧。2020年12月2日，甲单位新任总会计师召集由财务处、资产管理处负责人及相关人员参加的工作会议，了解到以下情况：

（1）1月，甲单位接受乙公司捐赠的一台价值为80万元的仪器设备，无需安装，未发生相关税费。财务处据此增加固定资产和非流动资产资金（固定资产）各80万元，同时增加事业支出和其他收入（捐赠收入）各80万元。

（2）甲单位的一台大型仪器设备于2020年2月提前报废。该仪器设备的账面原值为1 200万元，累计折旧为900万元，账面价值为300万元。财务处认为该仪器设备的账面价值不足800万元，未达到财政部门审批标准，报上级主管部门审批后即做报废处理。

（3）2020年3月，甲单位经批准对一栋实验楼进行加固改造，工程完成后可延长该栋实验楼使用年限。与施工方的合同约定，工程款按工程进度结算，在满足付款条件时施工方开具发票，甲单位当即足额支付。据此，甲单位收到发票并支付工程款时，在财务会计中计入当期费用，在预算会计中计入当期预算支出。

（4）2020年6月，甲单位在资产盘点中发现账外专用设备一台，目前已没有相关凭据且无法评估，同类或类似资产的市场价格也无法可靠取得。据此，甲单位仅由资产管理处对该专用设备进行了实物登记，没有入账。

（5）2020年1月，甲事业单位准备建造一栋实验楼，属于自用的基本建设项目，购入工程物资，取得的增值税专用发票上注明的设备价款为300 000元，增值税进项税额为39 000元，款项已通过银行存款支付；1～6月，领用工程物资一批，价值为288 000元；剩余工程物资转为该单位存货；领用经营用材料一批，成本为54 000元，原增值税进项税额为7 020元；应付工程人员的职工薪酬为55 000元。假定不考虑其他相关税费。在6月底达到交付使用状态时，甲单位登记该栋实验楼的初始入账价值为397 000元。

（6）2020年8月，甲单位使用财政专项资金200万元进口一套设备，款项已经通过财政局直接支付方式结算，设备于 8 月 30 日前安装、调试、验收合格并投入使用。甲单位 8 月份对该项设备实行了确认入账处理，同时计提一个月折旧。

要求：请逐项判断上述事项的处理方式是否准确。如不准确，分别说明理由。

（李蕾蕾）

# 第六章 无形资产

**思考题**

1. 什么是无形资产？无形资产的确认条件是什么？
2. 不同来源的无形资产的价值是如何确定的？
3. 政府会计主体自行开发的无形资产，如何做账务处理？

## 一、单项选择题

1. 以下资产不属于无形资产内容的是（　　）。
    A. 专利权　　　　　　　　　　B. 土地使用权
    C. 商誉　　　　　　　　　　　D. 商标权
2. 事业单位接受捐赠的无形资产，应按评估确认的价值记入（　　）科目。
    A. "事业收入"　　　　　　　　B. "经费收入"
    C. "捐赠收入"　　　　　　　　D. "拨入专款"
3. 政府会计主体自行研究开发的项目尚未进入开发阶段，或者确实无法区分研究阶段支出和开发阶段支出，但按法律程序已申请取得无形资产的，应当将依法取得时发生的注册费、聘请律师费等费用确认为（　　）。
    A. 管理费用　　　　　　　　　B. 无形资产
    C. 研发支出　　　　　　　　　D. 期间费用
4. 政府会计主体无偿调入的无形资产，其成本入账金额为（　　）。
    A. 调出方公允价值加上相关税费确定
    B. 调出方账面价值
    C. 调出方公允价值
    D. 调出方账面价值加上相关税费确定
5. 与无形资产有关的后续支出，符合无形资产确认条件的，应当计入（　　）。
    A. 在建工程　　　　　　　　　B. 无形资产成本

C. 研发费用           D. 长期待摊费用

6. 政府会计主体外购的无形资产，其成本不包括（    ）。

   A. 购买价款

   B. 购买无形资产之前的专家咨询费

   C. 可归属于该项资产达到预定用途前所发生的其他支出

   D. 相关税费

7. 政府会计主体购入的不构成相关硬件不可缺少组成部分的应用软件，应当确认为（    ）。

   A. 存货               B. 固定资产
   C. 无形资产           D. 管理费用

8. 对于政府会计主体自行研究开发的项目，在进行生产或使用前，将研究成果或其他知识应用于某项计划或设计，以生产出新的或具有实质性改进的材料、装置、产品等，属于自行研究开发项目中的（    ）。

   A. 研发阶段           B. 开发阶段
   C. 构想阶段           D. 成功阶段

9. 无形资产预期不能为单位带来服务潜力或经济利益的，应当在报经批准后，将该无形资产的（    ）予以转销。

   A. 账面价值           B. 公允价值
   C. 重置成本           D. 账面价值及其税费

10. 下列关于政府会计无形资产的确认说法不正确的是（    ）。

    A. 政府会计主体自行研究开发项目在研究阶段的支出，应当于发生时计入当期费用

    B. 政府会计主体自创商誉及内部产生的品牌、报刊名等，应确认为无形资产

    C. 政府会计主体自行研究开发的项目虽尚未进入开发阶段，但按法律程序已申请取得无形资产的，应当将依法取得时发生的注册费、聘请律师费等费用确认为无形资产

    D. 政府会计主体自创的商誉不属于无形资产

11. 关于土地使用权，下列说法正确的是（    ）。

    A. 土地使用权一律作为无形资产核算

    B. 外购的土地使用权，按照购买价款入账

    C. 购建房屋及构筑物时，购建成本中的房屋及构筑物部分与土地使用权部分应当全部确认为固定资产

    D. 能够分清购建成本中的房屋及构筑物部分与土地使用权部分的，应当将其中的

房屋及构筑物部分确认为固定资产,将其中的土地使用权部分确认为无形资产

12. 内部开发无形资产,不能构成其成本的是( )。

    A. 无形资产达到预定用途前发生的可辨认的无效和初始运作损失,以及为运行该无形资产发生的培训支出

    B. 在开发该无形资产过程中使用的其他专利权和特许权的摊销

    C. 按照借款费用的处理原则可以资本化的利息支出

    D. 开发该无形资产时耗费的材料、劳务成本、注册费

13. 对于非大量购入、单价小于1 000元的无形资产,可以于购买的当期将其成本直接记入( )。

    A. 无形资产            B. 管理费用
    C. 资产处置费用        D. 当期费用

14. 政府会计主体购买无形资产的价款超过正常信用条件延期支付,实质上具有融资性质的,无形资产的初始成本以( )确定。

    A. 购买价款            B. 购买价款加相关税费
    C. 购买价款的现值      D. 评估价值

15. 为保证无形资产正常使用发生的日常维护等支出,不可借记的科目是( )。

    A. "业务活动费用"      B. "经营费用"
    C. "单位管理费用"      D. "在建工程"

16. 政府会计主体花费1亿元购买了某项专利权,合同期为6年,法律规定的保护期限为10年,6年使用期满后,双方协商续约2年,需要付出的成本为1 000元,那么最初取得无形资产时应按( )的期限摊销。

    A. 6年                 B. 10年
    C. 8年                 D. 2年

17. 无形资产摊销的账务处理,不会涉及的科目是( )。

    A. 单位管理费用        B. 无形资产
    C. 无形资产累计摊销    D. 业务活动费用

18. 不考虑其他因素,下列无形资产中需要摊销的有( )。

    A. 使用年限不确定的无形资产
    B. 已提足摊销仍继续使用的无形资产
    C. 名义金额计量的无形资产
    D. 使用年限有限的无形资产

19. 政府会计主体通过置换取得的无形资产,其成本不包括( )。

    A. 换出资产的原始价值   B. 换出资产的评估价值

C. 支付的补价  D. 换入资产发生的相关支出

20. 下列业务中，预算会计需要做账务处理的是（　　）。

   A. 自行研究开发项目的完成，达到预定用途，形成无形资产

   B. 自行研究开发项目的开发阶段，计提开发人员薪酬

   C. 自行研究开发项目的开发阶段，开发活动领用库存物品

   D. 自行研究开发项目的开发阶段，发生与开发活动相关的管理费

## 二、多项选择题

1. 下列关于无形资产摊销年限的确定说法正确的有（　　）。

   A. 法律规定了有效年限的，按照法律规定的有效年限作为摊销年限

   B. 法律没有规定有效年限的，按照相关合同或单位申请书中的受益年限作为摊销年限

   C. 非大批量购入、单价小于5 000元的无形资产，可以于购买的当期将其成本一次性全部转销

   D. 因发生后续支出而增加无形资产成本的，对于使用年限有限的无形资产，应当重新确定摊销年限

2. 无形资产披露时，属于政府会计主体应当在附注中披露的有（　　）。

   A. 无形资产账面余额、累计摊销额、账面价值的期初期末数及其本期变动情况

   B. 以名义金额计量的无形资产名称、数量，以及以名义金额计量的理由

   C. 接受捐赠、无偿调入无形资产的名称、数量等情况

   D. 使用年限有限的无形资产，其使用年限的估计情况

3. 资产满足下列条件之一的，符合无形资产定义中的可辨认性标准（　　）。

   A. 能够从政府会计主体中分离或者划分出来，用于出售、转移、授予许可、租赁或者交换。

   B. 没有实物形态

   C. 源自合同性权利或其他法定权利，无论这些权利是否可以从政府会计主体或其他权利和义务中转移或者分离

   D. 相关的经济利益很可能流入

4. 无形资产，是指政府会计主体控制的没有实物形态的可辨认非货币性资产，包括（　　）。

   A. 专利权  B. 商标权
   C. 土地使用权  D. 非专利技术

5. 无形资产的确认条件可体现为（　　）。

A. 与该无形资产相关的服务潜力很可能实现

B. 与该无形资产相关的经济利益很可能流入政府会计主体

C. 该无形资产的成本或者价值能够可靠地计量

D. 政府会计主体使用该项无形资产可以节约未来行政运行成本

6. 政府会计主体不应确认为无形资产的有（　　）。

 A. 自创商誉        B. 内部产生的品牌

 C. 商标权         D. 著作权

7. 下列关于政府主体接受捐赠的无形资产说法正确的有（　　）。

 A. 政府会计主体接受捐赠的无形资产，其成本按照有关凭据注明的金额加上相关税费确定

 B. 没有相关凭据可供取得，但按规定经过资产评估的，其成本按照评估价值加上相关税费确定

 C. 没有相关凭据可供取得、也未经资产评估的，其成本比照同类或类似资产的市场价格加上相关税费确定

 D. 没有相关凭据且未经资产评估、同类或类似资产的市场价格也无法可靠取得的，按照名义金额入账，相关税费计入当期费用

8. 关于无形资产初始成本计量，以下说法正确的是（　　）。

 A. 外购无形资产的成本，包括购买价款、相关税费以及直接归属与使该项资产达到预定用途所发生的其他支出

 B. 购买无形资产的价款超过正常信用条件延期支付，实质上具有融资性质的，无形资产的初始成本以购买价款的现值为基础确定

 C. 自行开发的无形资产，其成本包括自满足无形资产确认条件后至达到预定用途前所发生的支出总额，对于以前期间已经费用化的支出进行相应调整

 D. 政府会计主体通过置换取得的无形资产，其成本按照换出资产的评估价值加上支付的补价或减去收到的补价来确定

9. 对于无形资产后续支出，政府会计主体账务处理正确的是（　　）。

 A. 为增加无形资产的使用效能对其进行升级改造或扩展其功能时，如需暂停对无形资产进行摊销的，财务会计中按照无形资产的账面余额，借记"在建工程"科目，按照无形资产已摊销金额，借记"无形资产累计摊销"科目，按照无形资产的账面价值，贷记"无形资产"科目

 B. 资本化的后续支出，财务会计中计入在建工程科目，预算会计中计入事业支出等科目

 C. 费用化的后续支出，财务会计中计入业务活动费用等科目，预算会计中计入事

业支出等科目

D. 无形资产升级改造完成交付使用时，财务会计中借记无形资产，贷记在建工程，预算会计不做账务处理

10. 政府会计主体应当按照无形资产类别在财务报表附注中披露相关信息，不属于应披露信息的是（　　）。

    A. 融资租入无形资产的账面余额　　B. 经营租入无形资产的账面余额
    C. 无形资产出售的情况　　　　　　D. 接受捐赠的无形资产

## 三、判断题

1. 政府会计主体对于无法合理确定使用年限的无形资产，应将其成本在不超过10年的期限内摊销。（　　）

2. 可辨认的标准是是否能够从政府会计主体中分离或者划分出来，用于出售、转移、授予许可、租赁或者交换。能够分离或划分的即是可辨认资产，否则是不可辨认资产。（　　）

3. 应用软件构成相关硬件不可缺少的组成部分的，应当将该软件的价值包括在所属的硬件价值中，一并确认为固定资产；不构成相关硬件不可缺少的组成部分的，应当将该软件确认为无形资产。（　　）

4. 政府会计主体自行研究开发项目在开发阶段的支出，先按合理方法进行归集，如果最终形成无形资产的，应当确认为无形资产；如果最终未形成无形资产的，应当计入资产处置费用。（　　）

5. 政府会计主体自行研究开发项目尚未进入开发阶段，或者确实无法区分研究阶段支出和开发阶段支出，但按法律程序已申请取得无形资产的，应当将依法取得时发生的注册费、聘请律师费等费用确认为管理费用。（　　）

6. 政府会计主体自创商誉及内部产生的品牌、报刊名等，若评估价值较高，可以确认为无形资产。（　　）

7. 不符合无形资产确认条件的后续支出，即应当费用化。（　　）

8. 政府会计主体自行研究开发项目在开发阶段的支出，应当于发生时计入当期费用。（　　）

9. 无形资产预期不能为政府会计主体带来服务潜力或者经济利益的，应将该无形资产的账面价值予以转销。（　　）

10. 接受捐赠，以名义金额计量的无形资产无需摊销。（　　）

### 四、业务题

1. 某事业单位委托软件公司为其开发一套软件，价款为 400 000 元，合同约定先预付 60% 的开发费用，待软件完工交付后再支付剩余费用，所有款项使用零余额账户用款额度支付。请问如何做账务处理？

2. 某事业单位拥有一项软件技术，其账面价值为 60 000 元，已摊销 6 000 元，2020 年 2 月 1 日为增加该软件技术的使用效能，对其进行升级改造支出 15 000 元；2021 年 10 月 15 日，为维护该项软件技术的正常使用，发生后续支出 5 000 元。请问如何做账务处理？

### 五、案例分析题

甲单位为一家省级事业单位，于 2020 年 1 月 1 日起执行新《事业单位会计制度》。2020 年 10 月，甲单位新任总会计师发现以下情况：

（1）2020 年 7 月，甲单位按照规定程序报经批准后，对外捐赠一项非专利技术，该项无形资产原价 100 万元，已提摊销 50 万元，甲单位发生捐赠相关费用 1 万元，以银行存款支出。财务人员在财务会计中借记"无形资产累计摊销"科目 50 万，借记"业务活动费用"科目 51 万元，贷记"无形资产"科目 100 万元，贷记"银行存款"科目 1 万元；预算会计不做账务处理。

（2）2020 年 5 月，甲单位委托 A 公司对业务部门使用的软件进行升级和功能拓展，合同约定软件开发费总额为 60 万元，开发过程中现有软件正常运行，无需暂停摊销。2020 年 8 月 1 日，开发完成的软件已经通过验收并正式运行。按合同规定 2020 年 8 月 2 日，甲单位以财政授权方式一次性支付 60 万元软件开发费时，会计张某在财务会计中做增加业务活动费用 60 万元，减少零余额账户用款额度 60 万元处理，在预算会计中做增加事业支出 60 万元，减少资金结存 60 万元处理。

（3）2020 年 10 月，单位用一项专利置换换入一批材料，换出专利的原价为 500 000 元，已提摊销 300 000 元，评估价值为 200 000 元。置换换出专利收到补价 50 000 元，当日收到材料并验收入库。新来的财务人员不知道怎么做账务处理，暂未入账。

要求：请判断上述事项（1）（2）的处理方式是否准确；如不准确，分别说明理由。请给出事项（3）的正确账务处理方式。

（李蕾蕾）

# 第七章　公共基础设施

**思考题**

1. 简述公共基础设施的确认条件。
2. 简述公共基础设施的分类确认。
3. 简述政府会计主体应当在附注中披露与公共基础设施有关的信息。

## 一、单项选择题

1. 下列不属于交通基础设施的是（　　）。
   A. 公路　　　　　　　　　　B. 环卫
   C. 航道　　　　　　　　　　D. 港口

2. 分为多个组成部分由不同政府会计主体分别管理维护的公共基础设施，应当由（　　）分别对其负责管理维护的公共基础设施的相应部分予以确认。
   A. 主要政府会计主体　　　　B. 独立政府会计主体
   C. 各个政府会计主体　　　　D. 单一政府会计主体

3. 建造公共基础设施借入的专门借款的利息，不属于建设期间发生的，应当计入（　　）。
   A. 在建工程成本　　　　　　B. 其他支出
   C. 资金结存　　　　　　　　D. 当期费用

4. 结转改扩建公共基础设施的账面成本时，预算会计中会涉及的会计科目包括（　　）。
   A. 在建工程　　　　　　　　B. 公共基础设施累计折旧
   C. 公共基础设施　　　　　　D. 不做账务处理

5. 负有管理维护公共基础设施职责的政府会计，主体通过政府购买服务方式委托企业或者其他会计主体代为管理维护公共基础设施的，该公共基础设施应当由（　　）予以确认。

A. 委托方 B. 受托方
C. 单位 D. 个人

6. 公共基础设施发生的为增加公共基础设施使用效能或延长其使用寿命而发生的改建、扩建或大型修缮等后续支出，通过（　　）科目核算。

   A. 固定资产 B. 在建工程
   C. 无形资产 D. 公共基础设施

7. 公共基础设施应当按（　　）计提折旧。

   A. 年 B. 季
   C. 月 D. 日

8. 当月增加的公共基础设施，当月（　　）计提折旧；当月减少的公共基础设施，当月（　　）计提折旧。

   A. 不；仍 B. 仍；不
   C. 不；不 D. 仍；仍

9. 为维护公共基础设施的政策使用而发生的日常维护、养护等后续支出，应当计入（　　）。

   A. 成本 B. 在建工程
   C. 当期费用 D. 资金结存

10. 报经批准对外捐赠公共基础设施，按照公共基础设施已计提的折旧或摊销，借记（　　）科目。

    A. "累计折旧（摊销）" B. "公共基础设施累计折旧（摊销）"
    C. "银行存款" D. "其他支出"

11. 报经批准无偿调出的公共基础设施，按照被处置公共基础设施账面余额，贷记（　　）科目。

    A. "无偿调拨净资产" B. "公共基础设施累计折旧（摊销）"
    C. "公共基础设施" D. "银行存款"

12. 以下不属于公共基础设施的是（　　）。

    A. 市政基础设施 B. 交通基础设施
    C. 水利基础设施 D. 自家楼房

13. 盘盈的公共基础设施，按照确定的入账成本，借记（　　）科目，贷记（　　）科目。

    A. "待处理财产损溢"；"公共基础设施"
    B. 不做账务处理
    C. "公共基础设施累计折旧"；"待处理财产损溢"

D. "公共基础设施"；"待处理财产损溢"

14. 政府会计主体不应当在附注中披露与公共基础设施有关的信息是（    ）。

    A. 公共基础设施的大小

    B. 公共基础设施的分类和折旧方法

    C. 暂估入账的公共基础设施账面价值变动情况

    D. 公共基础设施年度维护费用和其他后续支出情况

15. 对于不应当确认为公共基础设施，但已确认为公共基础设施的资产，政府会计主体应当在公共基础设施（    ）将该资产按其账面价值重分类为公共基础设施。

    A. 首次核算执行日 3 天后          B. 首次核算执行日 5 天后

    C. 首次核算执行日的次日          D. 首次核算执行日

16. 政府会计主体自行建造的公共基础设施，其成本包括完成批准的建设内容所发生的全部必要支出，不包括（    ）。

    A. 成本费用

    B. 待摊投资支出和其他投资支出

    C. 设备投资支出

    D. 建筑安装工程投资支出

17. 对于确认为公共基础设施的单独计价入账的土地使用权，政府会计主体应当按照（    ）的相关规定进行摊销。

    A.《政府会计准则第 3 号——固定资产》

    B.《政府会计准则第 5 号——公共基础设施》

    C.《政府会计准则第 4 号——无形资产》

    D.《政府会计准则第 1 号——存货》

18. 已交付使用但尚未办理竣工决算手续的公共基础设施，应当按照（    ）入账，待办理竣工决算后再按照实际成本调整原来的暂估价值。

    A. 估计价值                   B. 成本

    C. 账面价值                   D. 有关原始凭据注明的金额

19. 对于应当确认但尚未入账的存量公共基础设施，政府会计主体应当在本准则首次执行日按照以下原则确定其初始入账成本的要素不包括（    ）。

    A. 可以取得相关原始凭据的，其成本按照有关原始凭据注明的金额减去应计提的累计折旧后的金额确定

    B. 没有相关凭据可供取得，但按规定经过资产评估的，其成本按照评估价值确定

    C. 没有相关凭据可供取得、也未经资产评估的，其成本按照重置成本确定

    D. 没有取得相关原始凭据的，其成本按照有关原始凭据注明的金额减去应计提的

累计折旧后的金额确定

20.《政府会计准则第 5 号——公共基础设施》的施行日期是（　　）。

　　A. 2019 年 6 月　　　　　　　　B. 2019 年 1 月

　　C. 2018 年 1 月　　　　　　　　D. 2018 年 6 月

## 二、多项选择题

1. 下列属于公共基础设施特征的是（　　）。

　　A. 是一个有形资产系统或网络的组成部分

　　B. 具有特定用途

　　C. 一般不可移动

　　D. 可移动的

2. 下列属于公共基础设施的有（　　）。

　　A. 市政基础设施　　　　　　　B. 交通基础设施

　　C. 水利基础设施　　　　　　　D. 其他公共基础设施

3. 公共基础设施的确认条件包括（　　）。

　　A. 与该公共基础设施相关的服务潜力很可能实现，或经济利益很可能流入政府会计主体

　　B. 与该政府储备物资相关的服务潜力很可能实现，或经济利益很可能流入政府会计主体

　　C. 该公共基础设施的成本或者价值能够可靠地计量

　　D. 该公共基础设施的成本或者价值不能够可靠地计量

4. 政府会计主体外购的公共基础设施，其成本包括（　　）。

　　A. 买价款

　　B. 相关税费

　　C. 公共基础设施交付使用前发生可归属于该项资产的运输费

　　D. 公共基础设施交付使用前发生可归属于该项资产的装卸费

5. 接受其他单位无偿调入的公共基础设施，按照确定的成本进行账务处理，预算会计中涉及的会计科目包括（　　）。

　　A. 行政支出　　　　　　　　　B. 财政拨款预算收入

　　C. 资金结存　　　　　　　　　D. 其他支出

6. 政府会计主体确定公共基础设施折旧年限，应当考虑的因素包括（　　）。

　　A. 设计使用年限

　　B. 预计实现服务潜力或提供经济利益的期限

C. 预计有形损耗和无形损耗

D. 法律或者类似规定对资产使用的限制

7. 下列各项公共基础设施中不计提折旧的包括（　　）。

A. 因大修而停用的公共基础设施

B. 已提足折旧仍继续使用的公共基础设施

C. 提前报废的公共基础设施

D. 确认为公共基础设施的单独计价入账的土地使用权

8. 为维护公共基础设施的政策使用而发生的日常维护、养护等后续支出，及与公共基础设施有关的修理费用等后续支出，不符合公共基础设施确认条件的，不得采用（　　）方式处理。

A. 计入当期业务活动费　　　　B. 计入单位管理费用

C. 待摊　　　　　　　　　　　D. 预提

9. 政府会计主体一般应当采用（　　）计提公共基础设施折旧。

A. 年限平均法　　　　　　　　B. 双倍余额递减法

C. 工作量法　　　　　　　　　D. 年数总和法

10. 政府会计主体应当在附注中披露与公共基础设施有关的信息包括（　　）。

A. 公共基础设施的分类和折旧方法

B. 各类公共基础设施的实物量

C. 暂估入账的公共基础设施账面价值变动情况

D. 公共基础设施年度维护费用和其他后续支出情况

### 三、判断题

1. 公共基础设施是指政府会计主体为满足社会公共需求而控制的有形资产。（　　）
2. 不属于文物文化资产的公共设施，适用其他相关政府会计准则。（　　）
3. 对于自建或外购的公共基础设施，政府会计主体应当在该项公共基础设施验收合格并交付使用时确认。（　　）
4. 多个政府会计主体共同管理维护的公共基础设施，应当由对该资产负有管理维护职责或者承担后续支出责任的政府会计主体予以确认。（　　）
5. 独立于公共基础设施，构成公共基础设施使用不可缺少组成部分的管理维护用房屋建筑物、设备、车辆等，适用《政府会计准则第3号——固定资产具体准则》核算。（　　）
6. 政府会计主体在构建公共基础设施时，不能分清构建成本中的构筑物部分与土地使用权部分的，应当将其中的构筑物部分和土地使用权部分分别确认为公共基础

设施。（  ）

7. 对于成本无法可靠取得的公共基础设施，应该及时按照成本进行初始计量。
（  ）

8. 公共基础设施的折旧年限一经确定，不得变更。（  ）

9. 采用政府和社会资本合作模式（即 PPP 模式）形成的公共基础设施的确认和初始计量，不适用其他相关政府会计准则。（  ）

10. 公共基础设施处置是指政府会计主体按规定报经批准无偿调出、对外捐赠的公共基础设施。（  ）

## 四、业务题

1. 2020 年 9 月 1 日，某行政单位外购一批消防设施，该批消防设施价格为 300 000 元，以财政拨款支付。

要求：写出相关财务会计与预算会计的账务处理。

2. 2020 年 10 月 11 日，某单位无偿调入一批公共护栏，调出方账面价值 199 000 元，调入过程中发生运输费 1 000 元，通过银行存款支付。

要求：写出相关财务会计与预算会计的账务处理。

## 五、案例分析题

某单位认为，我国应该将水利基础设施和市政基础设施作为固定资产的一个类别予以规范。请讨论该说法是否正确并解释原因。

（李姗姗）

# 第八章 政府储备物资

**思考题**

1. 政府储备物资的特征是什么?
2. 政府储备物资的确认条件是什么?
3. 政府储备物资的初始入账成本包括哪些?

## 一、单项选择题

1. 财政部于 2017 年（　　）月发布关于印发《政府会计准则第 6 号——政府储备物资》的通知。
   A. 5　　　　　　　　　　　B. 6
   C. 7　　　　　　　　　　　D. 8

2. 《政府会计准则第 6 号——政府储备物资》自 2018 年（　　）月 1 日起施行。
   A. 1 月　　　　　　　　　　B. 2 月
   C. 3 月　　　　　　　　　　D. 4 月

3. 对于不能替代使用的政府储备物资、为特定项目专门购入或加工的政府储备物资，政府会计主体通常应采用（　　）确定发出物资的成本。
   A. 现值　　　　　　　　　　B. 先进先出法
   C. 个别计价法　　　　　　　D. 加权平均法

4. 委托加工的政府储备物资成本不包括（　　）。
   A. 加工前物料成本　　　　　B. 加工费
   C. 增值税　　　　　　　　　D. 其他

5. 下列选项中，新《制度》扩大的"双分录"核算范围有（　　）。
   A. 在建工程　　　　　　　　B. 政府储备物资
   C. 公共基础设施　　　　　　D. 存货

6. 对于应当确认但尚未入账的存量政府储备物资，可以取得相关原始凭据的，其成本为（　　）。
   A. 历史成本　　　　　　　　B. 评估价值
   C. 重置成本　　　　　　　　D. 公允价值

7. 下列各项中，捐出政府储备物资会计核算时通过的会计科目是（　　）。
   A. 待处理财产损溢　　　　　B. 管理费用
   C. 固定资产清理　　　　　　D. 资产损失

8. 政府会计主体购入的政府储备物资，其成本不包括（　　）。
   A. 购买价款　　　　　　　　B. 运输费
   C. 保险费　　　　　　　　　D. 增值税

9. 行政单位在新旧制度转换时，按照确定的政府储备物资成本，会计处理是（　　）。
   A. 借：政府储备物资；贷：资产基金——政府储备物资
   B. 借：资产基金——政府储备物资；贷：政府储备物资
   C. 借：公共基础设施；贷：资产基金——公共基础设施
   D. 借：资产基金——公共基础设施；贷：公共基础设施

10. 单位直接储存管理的各项政府应急或救灾储备物资等，应当通过（　　）科目核算。
    A. 制造费用　　　　　　　　B. 财务费用
    C. 存货成本　　　　　　　　D. 政府储备物资

11. 对于应确认为政府储备物资，但已确认为存货的，应在本准则首次执行日将该资产按其账面余额重分类为（　　）。
    A. 固定资产　　　　　　　　B. 公共基础设施
    C. 存货　　　　　　　　　　D. 政府储备物资

12. 下列各项中，不包括在捐赠收到的政府储备物资中的是（　　）。
    A. 固定资产　　　　　　　　B. 公共基础设施
    C. 存货　　　　　　　　　　D. 政府储备物资

13. 以下不应当通过"政府储备物资"科目核算的是（　　）。
    A. 单位购入的疫情防控物资
    B. 接受捐赠的疫情防控物资
    C. 单位动用而发出的疫情防控物资
    D. 无偿调入的疫情防控物资

14. 政府单位因动用而发出无须收回的政府储备物资的，按照发出物资的账面余额，计入（　　）。
    A. 单位管理费用　　　　　　B. 其他支出

C. 业务活动费用　　　　　　　　D. 审业支出

15. 甲市 A 单位购入一批救灾物资，购买价款 100 万元，由甲单位承担的运输费、保险费 2 万元，仓储费 5 000 元，则该政府储备物资的初始入账价值为（　　）。

   A. 100 万元　　　　　　　　　B. 102 万元
   C. 102.5 万元　　　　　　　　D. 119.5 万元

16. 行政单位的政府储备物资发出时，成本的确定不能采用（　　）。

   A. 先进先出法　　　　　　　　B. 加权平均法
   C. 个别计价法　　　　　　　　D. 后进先出法

17. 对于应当确认但尚未入账的存量政府储备物资，没有相关凭据可供取得、也未经资产评估的，其成本按照（　　）确定。

   A. 重置成本　　　　　　　　　B. 原始凭据注明的金额
   C. 评估价值　　　　　　　　　D. 公允价值

18. 购入政府储备物资时，政府会计主体不计入政府储备物资初始入账价值的是（　　）。

   A. 仓储费用　　　　　　　　　B. 购买价款
   C. 运输费　　　　　　　　　　D. 装卸费

19. 受托代储防汛物资的行政单位按照委托单位要求发出账面价值 50 000 元的物资，对此项业务，记账时应编制如下会计分录（　　）。

   A. 借：资产基金 50 000；贷：存货 50 000
   B. 借：资产基金 50 000；贷：政府储备物资 50 000
   C. 借：资产基金 50 000；贷：受托代理资产 50 000
   D. 借：受托代理负债 50 000；贷：受托代理资产 50 000

20. 下列关于政府储备物资附注披露正确的是（　　）。

   A. 披露因动用而发出需要收回的政府储备物资的账面余额
   B. 披露政府储备物资发出成本的计价方法
   C. 披露因动用而发出预期可能收回的政府储备物资的账面余额
   D. 披露上一期政府储备物资的账面余额

## 二、多项选择题

1. 从资产物质形态看，政府会计主体控制的政府储备物资与其占有、使用的存货具有一定相似性，但政府储备物资在（　　）等方面与存货存在着显著差异。

   A. 功能作用　　　　　　　　　B. 管理方式
   C. 资金来源　　　　　　　　　D. 业务流程

2. 政府储备物资的初始计量，主要规定了政府储备物资初始计量的基本原则，通过

（　　）盘盈等取得政府储备物资的计量要求。

A. 购入　　　　　　　　　　B. 委托加工

C. 接受捐赠　　　　　　　　D. 无偿调入

3. 政府储备物资的后续计量，主要规定了政府储备物资发出的计价以及不同情形发出储备物资和储备物资销售（　　）等情形的会计处理要求。

A. 更新（轮换）　　　　　　B. 报废

C. 毁损　　　　　　　　　　D. 盘亏

4. 下列（　　）不计入政府储备物资成本。

A. 仓储费用

B. 日常维护费用

C. 不能归属于使政府储备物资达到目前场所和状态所发生的其他支出

D. 日常管理费用

5. 政府会计主体应当在附注中披露与政府储备物资有关的下列（　　）。

A. 各类政府储备物资的期初和期末账面余额

B. 因动用而发出需要收回或者预期可能收回，但期末尚未收回的政府储备物资的账面余额

C. 确定发出政府储备物资成本所采用的方法

D. 其他有关政府储备物资变动的重要信息

6. 对于应当确认但尚未入账的存量政府储备物资，政府会计主体应当在首次执行日按照以下（　　）原则确定其初始入账成本。

A. 可以取得相关原始凭据的，其成本按照有关原始凭据注明的金额确定

B. 没有相关凭据可供取得，但按规定经过资产评估，其成本按照评估价值确定

C. 没有相关凭据可供取得、也未经资产评估的，其成本按照重置成本确定

D. 没有相关凭据可供取得、也未经资产评估的，其成本按照公允价值确定

7. 以下表述中，正确的是（　　）。

A. 计价方法一经确定，不得变更

B. 对于性质和用途相似的政府储备物资，应当采用相同的成本计价方法确定发出物资的成本

C. 政府会计主体盘盈的政府储备物资，其成本按照有关凭据注明的金额确定

D. 对于不能替代使用的政府储备物资、为特定项目专门购入或加工的政府储备物资，政府会计主体通常应采用个别计价法确定发出物资的成本

8. 政府储备物资应当按照政府储备物资的（　　）等进行明细核算。

A. 价格　　　　　　　　　　B. 种类

C. 品种 D. 存放地点

9. 下列关于政府储备物资特征的表述中，正确的有（    ）。
   A. 大部分是流动资产
   B. 在应对可能发生的特定事件或情形时动用
   C. 其购入、存储保管、更新（轮换）、动用等由政府及相关部门发布的专门管理制度规范
   D. 价值通常较低

10. 政府会计核算时，下列（    ）属于政府储备物资的确认范围。
    A. 战略原料              B. 抢险救灾物资
    C. 医药器材              D. 重要商品物资

## 三、判断题

1. 对比现行《行政单位会计制度》购入的政府储备物资，其成本包括购买价款、相关税费、运输费、装卸费、保险费以及其他使政府储备物资达到目前场所和状态所发生的支出。（    ）

2. 相关行政管理职责由不同政府会计主体行使的政府储备物资，由负责提出收储计划的政府会计主体予以确认。（    ）

3. 对于储备物资调拨，某些储备物资品种的"采购单位"只能提出动用计划，需报上级单位批准后组织实施，并不"拥有储备物资调拨权力"。（    ）

4. 对政府储备物资不负有行政管理职责但接受委托具体负责执行其存储保管等工作的政府会计主体，应当将受托代储的政府储备物资作为受托代理资产核算。
（    ）

5. 在名义金额计量下，资产按照预计从其持续使用和最终处置中所产生的未来净现金流入量的折现金额计量。（    ）

6. 政府储备物资是存货核算的内容。（    ）

7. 对外销售政府储备物资并按照规定将销售净收入上缴财政的，应当将取得销售价款时大于所承担的相关税费后的差确认为应缴财政款。（    ）

8. 行政单位管理的储备物资中，对调用后收回、符合固定资产定义的储备物资，由对其具有长期直接支配权的行政单位作为固定资产核算，也确认为政府储备物资。
（    ）

9. 政府储备物资应当在储备物资发出时确认。（    ）

10. 政府储备物资指政府会计主体为满足实施国家安全与发展战略、进行抗灾救灾、应对公共突发事件等特定公共需求而控制的有形资产。（    ）

### 四、业务题

1. 资料：某市行政单位为夏季防汛做物资储备，自行购入防汛器材 20 000 元，采用财政直接支付方式支付；同时，其接收省级政府无偿调入的一批价值 300 000 元的防汛用器材，并用银行存款支付运输费 20 000 元，以及接收市内的某器材公司捐赠的一批价值 50 000 元的防汛用器材，用银行存款支付运输费 10 000 元。

要求：请根据资料做出该行政单位的平行账务处理。

2. 资料：某行政单位将一批防汛器材销售，账面价值为 300 000 元，收到器材款 400 000 元，销售过程中发生相关税费 30 000 元，该销售需列入本单位预算；并且该单位处置了一批临期防汛物资，账面价值为 60 000 元，收到价款 80 000 元，发生相关税费 5 000 元，该物资款须上缴财政。

要求：请根据资料做出该行政单位的平行账务处理。

### 五、案例分析题

某行政单位收到上级无偿调入的政府储备物资，发票上注明价值共计 100 000 元，并为此支付运费 5 000 元（不考虑相关税费）。李明是该行政单位的一名会计人员，他在收到物资时，根据凭证做以下账务处理：

借：库存物品 10 5000
　　贷：资金结存——货币资金 5 000

请结合资料分析李明的账务处理是否正确？如果不正确，应如何纠正？并思考存货与储备物资有哪些不同？

（景琴玲）

# 第九章　文物文化资产

**思考题**

1. 文物文化资产是否应计提折旧？
2. 文物文化资产的后续计量包括哪些？
3. 对于应确认为文物文化资产但尚未处理的存量资产，应如何进行衔接处理？

## 一、单项选择题

1. 单位应当定期对文物文化资产进行清查盘点，每年至少盘点（　　）。
   A. 一次　　　　　　　　　　　　B. 两次
   C. 三次　　　　　　　　　　　　D. 四次

2. 无偿调出文物文化资产，按照发出文物文化资产的账面余额，借记（　　）科目，贷记"文物文化资产"科目。
   A. "其他应收款"　　　　　　　　B. "待处理财产损溢"
   C. "营业外支出"　　　　　　　　D. "无偿调拨净资产"

3. 如果以一笔款项购入多项没有单独标价的文物文化资产，应按照各项文物文化资产（　　）的比例对总成本进行分配，分别确认各项资产的入账价值。
   A. 账面价值　　　　　　　　　　B. 账面价值加相关税费
   C. 市场价值　　　　　　　　　　D. 公允价值

4. 下列各项中，事业单位预算会计按规定提取专用结余应借记的会计科目是（　　）。
   A. 非财政拨款结余分配　　　　　B. 财政拨款结转
   C. 非财政拨款结转　　　　　　　D. 非财政拨款结余

5. 单位为满足自身开展业务活动或其他活动需要而控制的文物和陈列品，应当通过（　　）科目核算。
   A. "文物文化资产"　　　　　　　B. "文物和陈列品"
   C. "固定资产"　　　　　　　　　D. "库存商品"

6. 文物文化资产盘盈，应计入（ ）账户的贷方。
   A. 待处理财产损益　　　　　　B. 固定资产
   C. 文物文化资产　　　　　　　D. 资产处置费用

7. 下列各项中，政府会计主体采用财务会计核算的同时应当进行预算会计核算的是（ ）。
   A. 支付应缴财政款　　　　　　B. 财政授权支付方式购买办公用品
   C. 计提固定资产折旧　　　　　D. 收到受托代理的现金

8. 某文物文化资产，原账面价值100万元，因年久失修严重老化，现对其进行较大工程维护。经过半年工程维护后，该资产改扩建完成达到预定可交付使用状态，共发生支出55万元，其中符合资本化条件的支出50万元。该资产维护后的入账价值为（ ）万元。
   A. 100　　　　　　　　　　　　B. 150
   C. 155　　　　　　　　　　　　D. 55

9. 文物文化资产一般采用的计量属性是（ ）。
   A. 历史成本　　　　　　　　　B. 重置完全价值
   C. 现行市价　　　　　　　　　D. 公允价值

10. 文化事业单位会计的结账基础是（ ）。
    A. 现金收付制
    B. 收付实现制
    C. 既采用收付实现制，又采用权责发生制
    D. 应收应付制

11. 文化事业单位在期末应将各项收入、费用相抵后的余额转入（ ）。
    A. 本期盈余　　　　　　　　　B. 本年盈余分配
    C. 累计盈余　　　　　　　　　D. 以前年度盈余调整

12. 年末，"本期盈余"科目的余额应转入（ ）。
    A. 本年盈余分配　　　　　　　B. 专用基金
    C. 累计盈余　　　　　　　　　D. 以前年度盈余调整

13. 某文化事业单位开展专业业务活动及其辅助活动所发生的各项费用，应计入（ ）科目。
    A. "业务活动费用"　　　　　　B. "单位管理费用"
    C. "资产处置费用"　　　　　　D. "经营费用"

14. 用于展览、教育或研究等目的的历史文物、艺术品以及其他具有文化或历史价值并作长期或永久保存的典藏等，应当通过（ ）科目核算。

A. "文物文化资产" B. "文物和陈列品"
C. "固定资产" D. "库存商品"

15. 某企业外购一批文物文化资产,采用财政直接支付方式结算,其账务处理中借方登记"文物文化资产",贷方登记( )科目。

   A. "财政拨款预算收入" B. "财政拨款收入"
   C. "零余额账户用款额度" D. "银行存款"

16. 接受捐赠的文物文化资产,其成本无法可靠取得的,按照发生的相关税费、运输费等,借记( )科目,贷记"零余额账户用款额度""银行存款"等科目。

   A. "文物文化资产" B. "固定资产"
   C. "其他费用" D. "其他收入"

17. 无偿调入的文物文化资产,按照确定的成本,借记( )科目,按照发生的归属于调入方的相关费用,贷记"零余额账户用款额度""银行存款"等科目,其差额贷记"无偿调拨净资产"科目。

   A. "无偿调拨净资产" B. "固定资产"
   C. "文物文化资产" D. "其他收入"

18. 对于接受捐赠的文物文化资产,没有相关凭据也未经评估、同类或类似资产市场价格也无法可靠取得的,应( )。

   A. 按相关税费入账 B. 按名义金额(1元)入账
   C. 暂不入账 D. 相关税费计入当期费用

19. 对外捐赠的文物文化资产,应在财务会计中将资产的账面价值转入( )。

   A. 资产处置费用 B. 单位管理费用
   C. 其他支出 D. 业务活动费用

20. 某文化事业单位年末"经营预算收入"科目余额为900万元,"经营支出"科目余额为950万元,假定该单位"非财政拨款结余分配"科目年初余额为400万元,不考虑其他因素,该单位"非财政拨款结余分配"科目年末余额为( )万元。

   A. 400 B. 1400
   C. 600 D. 500

## 二、多项选择题

1. 下列关于文物文化资产的表述中,正确的是( )。

   A. 单位为满足自身开展业务活动或其他活动需要而控制的文物和陈列品,应当通过"固定资产"科目核算

B. 可将文物文化资产作为存货、固定资产、金融资产、无形资产等进行核算

C. 外购文物文化资产的成本包括购买价款、相关税费以及可归属于该项资产达到预定用途前所发生的其他支出（如运输费、安装费、装卸费等）

D. 文物文化资产是指用于展览、教育或研究等目的的历史文物、艺术品以及其他具有文化或历史价值并作长期或永久保存的典藏等

2. 文物文化资产的确认应同时满足以下哪些条件（　　）。

A. 与该文物文化资产相关的服务潜力可能实现或者经济利益可能流入政府会计主体

B. 与该文物文化资产相关的服务潜力很可能实现或者经济利益很可能流入政府会计主体

C. 该文物文化资产的成本能够可靠地计量

D. 该文物文化资产的成本或者价值能够可靠地计量

3. 下列各项中，属于"财政拨款结余"明细科目的有（　　）。

A. 本年收支结转　　　　　　B. 结转转入

C. 归集上缴　　　　　　　　D. 单位内部调剂

4. 政府会计主体外购的文物文化资产，应当按照取得时的实际成本入账，其实际成本包括（　　）。

A. 买价

B. 包装费、运输费、装卸费等

C. 缴纳的相关税金

D. 为使该文物文化资产达到预定可使用状态前所发生的其他支出

5. 下列各项中，事业单位应通过"待处理财产损溢"科目核算的有（　　）。

A. 无偿调入文物文化资产　　　B. 报废文物文化资产

C. 盘亏文物文化资产　　　　　D. 盘盈文物文化资产

6. 下列各项固定资产中，不应计提折旧的有（　　）。

A. 文物和陈列品　　　　　　　B. 动植物

C. 图书、档案　　　　　　　　D. 单独计价入账的土地

7. 政府会计主体接受捐赠的文物文化资产，其成本按（　　）确定。

A. 有关凭据注明的金额加上相关税费

B. 没有相关凭据但经过评估的，按评估价加相关税费

C. 没有相关凭据也未经评估的，比照同类或类似资产市场价格加相关税费

D. 没有相关凭据也未经评估、同类或类似资产市场价格也无法可靠取得的，相关税费计入当期费用

8. 事业单位固定资产折旧的范围不包括（　　）。
   A. 图书档案　　　　　　　　　B. 文物及陈列品
   C. 名义金额计量的固定资产　　D. 专用设备
9. 下列各项中，属于政府主体资产的有（　　）。
   A. 在建工程　　　　　　　　　B. 文物文化资产
   C. 保障性住房　　　　　　　　D. 自然资源资产
10. 文物文化资产盘亏损失应计入的科目为（　　）。
    A. 相关责任人赔偿部分计入"其他应收款"
    B. 正常损耗造成的计入"资产处置费用"
    C. 不可抗力因素造成的计入"资产处置费用"
    D. 不可抗力因素造成的计入"其他支出"

## 三、判断题

1. 文物文化资产，是指用于展览、教育或研究等目的的历史文物、艺术品以及其他具有文化或历史价值并作长期或永久保存的典藏物等。（　　）
2. 政府会计主体为满足社会公共需求而控制的文物资产的成本在"固定资产——文物陈列品"科目核算。（　　）
3. 单位为满足自身开展业务活动或其他活动需要而控制的文物和陈列品，应当通过"固定资产"科目核算。（　　）
4. 预算会计采用权责发生制，财务会计采用收付实现制。（　　）
5. 政府会计基本准则适用于各级政府、各部门、各单位，包括军队和已纳入企业财务管理体系的单位。（　　）
6. 文化事业单位按照规定从科研项目预算收入中提取项目管理费时，既要进行财务会计核算，又要进行预算会计核算。（　　）
7. 如果以一笔款项购入多项没有单独标价的文物文化资产，应按照各项文物文化资产公允价值的比例对总成本进行分配，分别确认各项资产的入账价值。（　　）
8. 文物文化资产的后续支出，是指文物文化资产在保管使用过程中发生的更新改造支出、修理费用等。（　　）
9. 政府会计主体对文物文化资产进行更新改造的，应将其账面价值转入"在建工程"。（　　）
10. 与文物文化资产有关的修理费用等后续支出，可以采用待摊或预提方式进行处理。（　　）

## 四、业务题

1. 某文化单位 A 发生以下业务（实际成本核算），根据业务编制会计分录。

（1）购入一项文物文化资产，确定的成本为 59 500 元，款项通过财政直接支付方式支付。

（2）该单位接收捐赠一项文物文化资产，确定的成本为 38 500 元。

（3）该单位经批准无偿调出一项文物文化资产，该项文物文化资产的账面余额为 35 500 元，调拨过程中发生相关费用 1 500 元，以银行存款支付。

2. 某事业单位有关业务资料如下，根据业务编制会计分录。

（1）501 号文物文化资产，原账面价值 200 万元，因年久失修严重老化，如不及时维护将导致更大损失，现从 2021 年 3 月起对其进行较大工程维护。

（2）经过半年工程维护后，2021 年 8 月该资产改扩建完成达到预定可交付使用状态，共发生支出 65 万元，全部以银行存款支付。其中符合资本化条件的支出 50 万元，剩余部分经批准予以费用化处理。

## 五、案例分析题

2020 年 1 月，某地方博物馆为降低采购成本，一次性购入三种不同类型不同性质的文化资产 A、B、C，共支付货款 1 000 万元（一揽子支付未单独标价），发生运输费、装卸费、保险费等共 60 万元，全部以银行存款支付。假定这三项资产均满足文物文化资产的定义及确认条件，同类或类似资产的市场价格分别为 500 万元、600 万元、400 万元，不考虑其他相关税费，此三类资产的入账成本应如何确定？请列出算式并进行会计处理。

（苏怡）

# 第十章　保障性住房

**思考题**

1. 在什么情况下会进行保障性住房的处置？
2. 在什么情况下发生保障性住房的报废？
3. 政府会计主体在附注中应该披露哪些保障性住房的信息？

## 一、单项选择题

1. 保障性住房是指政府为（　　）住房困难家庭提供的限定标准、限定价格或租金的住房。
   A. 一般收入　　　　　　　　B. 高收入
   C. 中低收入　　　　　　　　D. 超低收入

2. （　　）是指政府为中低收入住房困难家庭提供的限定标准、限定价格或租金的住房。
   A. 商业性住房　　　　　　　B. 房改房
   C. 经济适用房　　　　　　　D. 保障性住房

3. 保障性住房（　　）满足下列条件的，应当予以确认：(1) 与该保障性住房相关的服务潜力很可能实现或者经济利益很可能流入政府会计主体。(2) 该保障性住房的成本或者价值能够可靠地计量。
   A. 或者　　　　　　　　　　B. 同时
   C. 不能　　　　　　　　　　D. 可以

4. 保障性住房的分类有（　　）、经济适用住房、政策性租赁住房和定向安置房几种。
   A. 廉租住房　　　　　　　　B. 普通住房
   C. 房改房　　　　　　　　　D. 商业性住房

5. 定向安置房安置的对象是（　　）。

A. 城市拆迁户 B. 农村拆迁户
C. 低收入拆迁户 D. 城市拆迁户与农村拆迁户

6. 廉租住房是（　　）的保障性住房。

    A. 有产权 B. 非产权
    C. 产权不清 D. 产权待分配

7. 经济适用住房是具有设计保障性质的商品住宅，具有（　　）的特点。

    A. 经济性 B. 适用性
    C. 经济性和适用性 D. 营利性

8. 政策性租赁住房是解决适用人群（　　）问题的保障性住房。

    A. 过渡性居住 B. 永久性居住
    C. 有产权性居住 D. 购买性居住

9. 政府会计主体外购的保障性住房，按照确定的成本，借方应记（　　）科目。

    A. "财政拨款收入" B. "零余额账户用款额度"
    C. "银行存款" D. "保障性住房"

10. 保障性住房的分类有廉租住房、（　　）、政策性租赁住房和定向安置房几种。

    A. 商业性住房 B. 普通住房
    C. 房改房 D. 经济适用住房

11. 单位自行建造取得的保障性住房，其成本包括（　　）的全部必要支出。

    A. 没有批准的建设内容所发生
    B. 完成批准的建设内容未发生
    C. 完成批准的建设内容所发生
    D. 完成批准的建设内容未发生

12. 接受捐赠的保障性住房，其成本按照（　　）确定。

    A. 有关凭据注明的金额
    B. 有关凭据注明的金额加上相关费用
    C. 无关凭据注明的金额
    D. 无关凭据注明的金额加上无关费用

13. 保障性住房的分类有廉租住房、经济适用住房、（　　）和定向安置房几种。

    A. 普通住房 B. 商业性住房
    C. 政策性租赁住房 D. 房改房

14. 保障性住房在使用过程中发生的后续支出，符合保障性住房确认条件的，应当计入（　　）。

    A. 当期费用 B. 保障性住房成本

C. 待摊费用 D. 保障性住房费用

15. 保障性住房在使用过程中发生的后续支出，不符合保障性住房确认条件的，应当计入（　　）。

　　A. 当期费用　　　　　　　　B. 保障性住房成本
　　C. 待摊费用　　　　　　　　D. 保障性住房费用

16. 保障性住房发生的为增加保障性住房使用效能或延长其使用年限而发生的改扩建等后续支出，通过（　　）科目进行核算。

　　A. "保障性住房"　　　　　　B. "保障性住房累计折旧"
　　C. "业务活动费用"　　　　　D. "在建工程"

17. 与保障性住房有关的修理费用等后续支出，不符合保障性住房确认条件的不得采用（　　）方式处理。

　　A. 待摊或预提　　　　　　　B. 待摊
　　C. 预提　　　　　　　　　　D. 先待摊再预提

18. 保障性住房应记的折旧额为（　　），计提保障性住房折旧时不考虑预计净残值。

　　A. 费用　　　　　　　　　　B. 业务活动费用
　　C. 成本　　　　　　　　　　D. 单位管理费用

19. 保障性住房的分类有廉租住房、经济适用住房、政策性租赁住房和（　　）几种。

　　A. 普通住房　　　　　　　　B. 定向安置房
　　C. 商业性住房　　　　　　　D. 房改房

20. 保障性住房应记的折旧额为成本，计提保障性住房折旧时不考虑（　　）。

　　A. 费用　　　　　　　　　　B. 业务活动费用
　　C. 预计净残值　　　　　　　D. 单位管理费用


## 二、多项选择题

1. 保障性住房是指政府为中低收入住房困难家庭所提供的（　　）的住房。

　　A. 限定大小　　　　　　　　B. 限定标准
　　C. 限定价格　　　　　　　　D. 租金

2. 保障性住房一般由（　　）等构成。

　　A. 廉租住房　　　　　　　　B. 经济适用住房
　　C. 政策性租赁住房　　　　　D. 定向安置房

3. 保障性住房同时具有以下（　　）特征。

　　A. 是有形资产　　　　　　　B. 限定标准

C. 具有特殊用途             D. 一般不可移动

4. 保障性住房同时满足（ ）条件的，应当予以确认。

    A. 与该保障性住房相关的服务潜力很可能实现或者经济利益很可能流入商业会计主体

    B. 与该保障性住房相关的服务潜力很可能实现或者经济利益很可能流入政府会计主体

    C. 该保障性住房的成本或者价值能够一般地计量

    D. 该保障性住房的成本或者价值能够可靠地计量

5. 政府会计主体外购的保障性住房，其成本包括（ ）。

    A. 购买价款

    B. 相关税费

    C. 可归属于该项资产达到预定用途前所发生的其他费用

    D. 一般费用

6. 政府会计主体外购的保障性住房，按照确定的成本，贷方应记（ ）科目。

    A. "财政拨款收入"           B. "保障性住房"

    C. "零余额账户用款额度"      D. "银行存款"

7. 单位自行建造取得的保障性住房，其成本包括完成批准的建设内容所发生的全部必要支出，包括（ ）。

    A. 建筑安装工程投资支出      B. 设备投资支出

    C. 待摊投资支出             D. 其他投资支出

8. 接受捐赠的保障性住房，其成本按照（ ）确定。

    A. 有关凭据注明的金额

    B. 相关费用

    C. 无关凭据注明的金额

    D. 无关凭据注明的金额加上无关费用

9. 保障性住房在使用过程中发生的后续支出，符合保障性住房确认条件的，应当计入（ ）；不符合保障性住房确认条件的，应当计入（ ）。

    A. 待摊费用                B. 保障性住房费用

    C. 保障性住房成本           D. 当期费用

10. 保障性住房发生的为增加保障性住房使用效能或延长其使用年限而发生的（ ）等后续支出，通过"在建工程"科目进行核算。

    A. 改建                    B. 小型修缮

    C. 扩建                    D. 大型修缮

### 三、判断题

1. 保障性住房和完全由市场形成价格的商品房是一样的。（　）
2. 定向安置房安置的对象是城市拆迁户。（　）
3. 廉租住房是有产权的保障性住房。（　）
4. 经济适用住房是具有设计保障性质的商品住宅，具有经济性和适用性的特点。（　）
5. 政策性租赁住房是解决适用人群永久性居住问题的保障性住房。（　）
6. 政府会计主体外购的保障性住房，按照确定的成本，贷方应记"保障性住房"科目。（　）
7. 单位自行建造取得的保障性住房，其成本包括完成批准的建设内容所发生的全部必要支出。（　）
8. 接受捐赠的保障性住房，其成本按照无关凭据注明的金额加上无关费用确定。（　）
9. 保障性住房在使用过程中发生的后续支出，符合保障性住房确认条件的，应当计入待摊费用，不符合保障性住房确认条件的，应当计入保障性住房费用。（　）
10. 保障性住房发生的为增加保障性住房使用效能或延长其使用年限而发生的改扩建等后续支出，通过"保障性住房累计折旧"科目进行核算。（　）

### 四、业务题

1. 2019年1月1日，A政府会计主体购入一块土地使用，以银行存款支付8 000 000元，并在该土地上建造廉租住房，发生工程材料支出2 000 000元、工程费用1 000 000元、其他相关费用1 000 000元，以单位的银行存款支付。该工程于2019年年底完工并达到预定可使用状态。假定土地的使用权年限为50年，该廉租住房的使用权年限为20年，两者都没有净残值，都采用直线法进行摊销和计提折旧，且不考虑相关税费。

要求：请针对A政府机构的业务进行相关的账务处理。

2. B政府会计主体2017年2月购入政策性租赁住房，购入价格为9 000万元；该政策性租赁住房预计使用30年。该政策性租赁住房已经验收，并于2017年4月8日交付使用，采用平均年限法计算折旧额。

要求：（1）采用平均年限法计算2017年和2018年折旧额。
（2）进行相关的账务处理。

**五、案例分析题**

天津市是我国四个直辖市之一且临近首都北京,因而商品房价格偏高,城市中低收入人群很难承受普通商品房价格,在天津市大力发展住房保障之前,造成了很大一部分人群的住房困难问题。在中央政府宏观政策支持、天津市政府的大力促成下,天津市自1999年开始探索建立住房保障制度,现已形成了较为完善的住房保障体系。目前天津市保障性住房种类主要有五种,分别是限价商品房、经济租赁房、经济适用房、公共租赁房与廉租房。从保障性住房种类及其针对人群来看,天津市保障性住房已形成较为完善的体系,并且对不同收入层次的人群实行分层保障。另一方面,从保障性住房建设情况来说,天津市保障性住房数量、享受保障性住房人数都在逐年上升。

然而,政府在保障性住房建设土地的供给中也存在着一些问题。首先,天津市城市规划局在进行规划时,保障性住房小区面积较小,小区建筑面积的限制直接导致配套设施不齐全。其次,在进行城市规划时,小区多位于城市郊区,为居民的日常生活与出行造成了很大不便。再次,虽然天津市政府一直致力于保障性住房的资金筹集,但是依然存在很大不足。天津市部分保障性住房的建设存在招标困难、中断施工和质量不合要求等现象,而导致这些现象的原因主要是资金短缺。天津市政府对保障性住房的融资渠道单一,未能建立起较为完善的融资渠道,存在融资困难、效率不高等问题。

问题:针对天津市政府对于保障性住房中存在的问题提出相应的解决思路。

(冉萍)

# 第十一章 负 债

**思考题**

1. 简述增值税一般纳税人的主要账务处理。
2. 简述"应交税金"明细账内应当设置的专栏及各专栏记录的内容。
3. 简述单位处置资产取得的应上缴财政的处置净收入的两种情况。

## 一、单项选择题

1. 《政府会计准则第 8 号——负债》施行日期是（　　）。
   A. 2017 年 1 月 1 日　　　　　B. 2018 年 1 月 1 日
   C. 2019 年 1 月 1 日　　　　　D. 2020 年 1 月 1 日

2. （　　）指政府会计主体过去的经济业务或者事项形成的，预期会导致经济资源流出政府会计主体的现时义务。
   A. 资产　　　　　　　　　　　B. 所有者权益
   C. 费用　　　　　　　　　　　D. 负债

3. （　　）指政府会计主体通过融资活动借入的债务，包括政府举借的债务以及其他政府会计主体借入的款项。
   A. 举借债务　　　　　　　　　B. 预计负债
   C. 负债　　　　　　　　　　　D. 短期负债

4. （　　）指政府会计主体为获得职工（含长期聘用人员）提供的服务而给予各种形式的报酬或因辞退等原因而给予职工补偿所形成的负债。
   A. 应付职工薪酬　　　　　　　B. 预收款项
   C. 应付账款　　　　　　　　　D. 预计负债

5. 以下不属于流动负债的是（　　）。
   A. 应付职工薪酬　　　　　　　B. 应付及预收款项
   C. 应交税费　　　　　　　　　D. 应收账款

6. 以下属于负债类财务会计科目的是（   ）。
   A. 应付票据　　　　　　　　　B. 受托代理资产
   C. 待处理财产损溢　　　　　　D. 保障性住房

7. 单位在新旧制度转换时，应当将2018年12月31日按照新制度规定确认的预计负债记入新账。登记新账时，按照确定的预计负债金额，借记（   ）科目，贷记"预计负债"科目。
   A. "累计盈余"　　　　　　　　B. "资金结存"
   C. "财政应返还额度"　　　　　D. "专用结余"

8. 以下不属于政府性债务的是（   ）。
   A. 救助责任　　　　　　　　　B. 政府储备资产
   C. 担保债务　　　　　　　　　D. 政府债务

9. 政府会计主体在对负债进行计量时，一般应采用（   ）。
   A. 现值　　　　　　　　　　　B. 历史成本
   C. 重置成本　　　　　　　　　D. 公允价值

10. 应付主权外债转贷款主要核算（   ）。
    A. 地方政府财政从上级政府财政借入的地方政府债券转贷款的本金和利息
    B. 政府财政部门以政府名义向外国政府和国际金融组织等借入的款项，以及经国务院批准的其他方式借入的款项
    C. 本级政府财政从上级政府财政借入的主权外债转贷款的本金和利息
    D. 以政府名义发行国债和地方政府债券形成的短期和长期负债

11. 负债准则规定，政府以外的其他政府会计主体为购建固定资产等工程项目借入专门借款费用，在满足规定条件的情况下可以计入（   ）。
    A. 工程承包　　　　　　　　　B. 在建工程
    C. 固定资产　　　　　　　　　D. 工程物资

12. 实际偿付预计负债时预算会计的会计处理正确的是（   ）。
    A. 借：业务活动费用　　　　　B. 借：预计负债
       贷：预计负债　　　　　　　　 贷：银行负债
    C. 借：预计负债　　　　　　　D. 借：事业支出
       贷：业务活动费用　　　　　　 贷：资金结存

13. 其他应交税费不包括（   ）。
    A. 企业所得税　　　　　　　　B. 城镇土地使用税
    C. 城市维护建设税　　　　　　D. 增值税

14. 借款本金与取得的借款资金的差额应当计入（   ）。
    A. 资本公积　　　　　　　　　B. 投资收益

C. 利息调整　　　　　　　　D. 当期费用

15. 其他举借债务（包括政府举借的债务和其他政府会计主体的非专门借款）的借款费用，均计入（　　）。

　　A. 工程承包　　　　　　　　B. 当期费用

　　C. 固定资产　　　　　　　　D. 营业外支出

16. 下列关于政府单位负债要素的表述，正确的有（　　）。

　　A. 负债是政府会计主体未来的经济业务或者事项形成的

　　B. 预期会导致经济资源流入政府会计主体

　　C. 流动负债包括应付政府债券

　　D. 负债是预期能够导致经济资源流出政府会计主体的现时义务

17. 新政府会计制度下，不属于负债类科目的是（　　）。

　　A. 应交增值税　　　　　　　B. 应缴财政款

　　C. 预计负债　　　　　　　　D. 受托代理负债

18. 下列各项中，不属于政府会计流动负债的是（　　）。

　　A. 应缴财政款　　　　　　　B. 应付职工薪酬

　　C. 短期借款　　　　　　　　D. 预计负债

19. 政府会计主体应当在上缴（　　）、退还、转付其他暂收款项时，冲减相关负债的账面余额。

　　A. 应缴财政款　　　　　　　B. 应付政府债券

　　C. 预付款项　　　　　　　　D. 其他应付款

20. 下列各项中，不属于政府会计负债计量属性的是（　　）。

　　A. 现值　　　　　　　　　　B. 历史成本

　　C. 名义金额　　　　　　　　D. 公允价值

## 二、多项选择题

1. 下列属于"进项税额"专栏中记录的准予从当期销项税额中抵扣的增值税额内容有（　　）。

　　A. 单位购进货物

　　B. 加工修理修配劳务、服务

　　C. 当月已缴纳的应交增值税额

　　D. 单位销售货物

2. 《政府会计准则第 8 号——负债》中，下列说法属于政府会计主体应当在附注中披露或有事项相关义务的信息有（　　）。

A. 借款的担保方、担保方式、抵押物

B. 或有事项相关义务预计产生的财务影响，以及获得补偿的可能性；无法预计的，应当说明原因

C. 经济资源流出时间和金额不确定的说明

D. 或有事项相关义务的种类及其形成原因

3. 负债准则起草发布的四个阶段，下列说法中属于四个阶段的有（    ）。

   A. 调研论证阶段　　　　　　　B. 征求意见稿阶段
   C. 公开征求意见阶段　　　　　D. 送审发布阶段

4. 其他应交税费包括（    ）。

   A. 城市维护建设税　　　　　　B. 教育费附加
   C. 地方教育费附加　　　　　　D. 车船税

5. 下列说法中，属于制定负债准则遵循原则的有（    ）。

   A. 依据和遵循基本准则
   B. 与相关法规制度相协调
   C. 借鉴企业会计经验并充分考虑政府会计特点
   D. 着力提高准则的可操作性

6. 关于暂收性负债的内容，下列说法中正确的有（    ）。

   A. 暂收性负债指政府会计主体暂时收取，随后应做上缴、退回、转拨等处理的款项
   B. 暂收性负债主要包括：应缴财政款和其他暂收款项
   C. 其他暂收款项指除应缴财政款以外的其他暂收性负债，包括政府会计主体暂时收取，随后应退还给其他方的押金或保证金、随后应转付给其他方的转拨款等款项
   D. 对于其他暂收款项，政府会计主体应当在实际收到相关款项时，按照实际收到的金额予以确认

7. 关于预计负债的内容，下列说法正确的有（    ）。

   A. 预计负债应当按照履行相关现时义务所需支出的最佳估计数进行初始计量
   B. 政府会计主体清偿预计负债所需支出预期的全部或部分由第三方补偿的，补偿金额只有在基本确定能够收到时才能作为资产单独确认
   C. 政府会计主体应当将与或有事项相关且满足规定条件的现时义务确认为预计负债
   D. 预计负债主要包括：应缴财政款和其他暂收款项

8. 应付职工薪酬包括（    ）。

    A. 基本工资　　　　　　　　　　B. 绩效工资
    C. 改革性补贴　　　　　　　　　D. 住房公积金
9. 其他应付款包括（　　）。
    A. 收取的押金
    B. 存入的保证金
    C. 应缴财政款
    D. 已经报销但尚未偿还银行的本单位公务卡欠款
10. 事业单位计提的借款利息费用，应通过（　　）科目核算
    A. "应付利息"　　　　　　　　　B. "预提费用"
    C. "长期借款"　　　　　　　　　D. "行政支出"

## 三、判断题

1. 《政府会计准则第 8 号——负债》中，《基本准则》将政府会计主体的负债按照流动性分为流动负债和非流动负债。（　　）
2. 《政府会计准则第 8 号——负债》中，政府以外的其他政府会计主体为购建固定资产等工程项目借入专门借款的借款费用，在满足规定条件的情况下也不能计入工程成本。（　　）
3. 流动负债指预计在 1 年内（不含 1 年）偿还的负债。（　　）
4. 《政府会计准则第 8 号——负债》中，工程项目建设期间发生非正常中断且中断时间连续超过 6 个月（含 6 个月）的，政府会计主体应当将非正常中断期间的借款费用计入当期费用。（　　）
5. 《政府会计准则第 8 号——负债》中，政府会计主体因辞退等原因给予职工的补偿，应当于相关补偿金额报经批准时确认为负债，并计入当期费用。（　　）
6. 现时义务，是指政府会计主体在现行条件下已承担的义务。未来发生的经济业务或者事项形成的义务属于现时义务，应当确认为负债。（　　）
7. 负债准则在制定过程中坚持问题导向，充分考虑政府负债会计核算的实际需要和政府会计改革所处发展阶段，注重准则语言的通俗易懂和相关会计处理的可操作性，着力确保准则可理解、可落地、可执行。（　　）
8. 负债准则所规范的负债是会计意义上的负债，具体指各类政府会计主体所承担的符合会计上负债定义及确认条件的负债。（　　）
9. 政府债券由政府财政部门统一发行，借款取得的资金拨付建设部门使用，举借债务和使用资金的会计主体不同，且使用资金的建设部门可能涉及政府、企业等各类主体。（　　）

10. 运营活动形成的暂收性负债是政府会计主体暂时收到、随后应上缴或者退还、转拨给其他方的款项,这类负债由暂收的款项来偿还,因而使政府会计主体未来面临的偿债压力很小,基本不存在债务风险。（　　）

### 四、业务题

1. 某事业单位2020年1月1日向银行借入4 000 000元,用于购买大型设备,借款期限为1年,年利率为5%,每季季末支付利息。

要求：写出借入短期借款及3月31日支付利息时财务会计与预算会计的账务处理。

2. 2020年8月10日,某事业单位8月份发生的增值税销项税额为40 000元,进项税额为58 000元,已用银行存款缴纳7月份增值税8 000元。

要求：写出缴纳以前期间未缴增值税时财务会计与预算会计的账务处理。

### 五、案例分析题

2008年5月,甲局下属乙单位因经营资金周转不灵,急需用款,向甲局请求借款。甲局局长办公会研究认为：甲局经费紧张,暂无力借款,但为解决下属单位用款问题,决定以本单位原值3 000万元的办公楼作抵押担保,向某商业银行借款100万元,该笔贷款借给下属乙单位用于经营周转,并约定一年内还清,乙单位支付甲局15%的资金使用费,财务部门照此办理,并仅仅在固定资产明细账作备查处理,尚未收到资金使用费。

要求：依据相关政策判断以上业务处理是否正确。如不正确,请做出正确的账务处理。

（李姗姗　景琴玲）

# 第十二章 收入与预算收入

**思考题**

1. 简述政府收入分类。
2. 简述非税收入收缴制度改革及"收支两条线"。
3. 财务会计的收入与预算会计的收入有何区别？
4. 如何理解和确认"财政拨款收入"？
5. 事业单位"事业收入"如何理解和确认？
6. 纳入财政专户管理的事业收费如何管理？为什么事业收入要在收到财政专户返还时才予以确认？
7. 事业收入如何按合同完成进度确认？
8. 如何理解和确认"非同级财政拨款收入"？
9. 事业单位在确定"财政拨款收入""事业收入"和"非同级财政拨款收入"科目核算范围时应注意哪些问题？
10. 根据债务预算收入的核算范围，在收到借款时预算会计确认"债务预算收入"及未来还本金时确认"债务还本支出"处理的必须符合哪些条件？

## 一、单项选择题

1. 按照（　　）标准，政府预算收入可分为一般预算收入、基金预算收入和债务预算收入。

    A. 预算级次分类　　　　　　　　B. 政府预算收入形式分类

    C. 预算收入的性质分类　　　　　D. 预算科目分类

2. 目前，一般预算收入主要包含各项税收收入以及（　　）收入。

    A. 非税收入　　　　　　　　　　B. 基金预算收入

    C. 预算外收入　　　　　　　　　D. 社会保险基金收入

3. 下列不属于非税收入的包括（　　）。

A. 国有资源（资产）有偿使用收入 　　　B. 资源税

C. 矿产资源补偿费收入 　　　D. 行政事业性收费收入

4. 下面收入不属于专项收入。（　　）

　　A. 排污费收入 　　　B. 教育费附加收入

　　C. 矿产资源补偿费收入 　　　D. 罚没收入

5. 行政事业收入是行政事业单位为开展业务及其他活动依法取得的（　　）资金。

　　A. 偿还性 　　　B. 强制性

　　C. 非强制性 　　　D. 非偿还性

6. 下列哪些属于行政单位的收入来源？（　　）

　　A. 附属单位上缴收入 　　　B. 上级补助收入

　　C. 其他收入 　　　D. 非同级财政拨款收入

7. 下列收入仅属于事业单位的收入来源。（　　）

　　A. 租金收入 　　　B. 上级补助收入

　　C. 财政拨款收入 　　　D. 非同级财政拨款收入

8. 财政拨款预算收入按照（　　）核算。

　　A. 权责发生制 　　　B. 收付实现制

　　C. 权责发生制为主收付实现制为辅 　　　D. 权责发生制与收付实现制兼用

9. （　　）是指事业单位从主管部门和上级单位取得的非财政拨款收入。

　　A. 非同级财政拨款收入 　　　B. 上级补助收入

　　C. 附属单位缴款收入 　　　D. 财政拨款收入

10. （　　）核算单位从同级政府财政部门取得的各类财政拨款。

　　A. 非同级财政拨款收入 　　　B. 上级补助收入

　　C. 附属单位缴款收入 　　　D. 财政拨款收入

11. 属于预算收入类的科目有（　　）。

　　A. 其他收入 　　　B. 投资收益

　　C. 债务还本支出 　　　D. 债务预算收入

12. 采用专户返还方式管理的事业收入，事业收入以（　　）予以确认。

　　A. 收到从财政专户返还时

　　B. 收到事业收入时

　　C. 上缴财政专户时

　　D. 从政府财政部门取得的各类财政拨款

13. 上级补助收入是事业单位从主管部门和上级单位取得的（　　）。

　　A. 财政拨款收入 　　　B. 补助收入

C. 非财政收入　　　　　　　　D. 经常性收入

14. 同级政府的财政部门预拨事业单位下期预算款,通过（　　）科目核算。
    A. "财政拨款收入"　　　　　B. "其他应付款"
    C. "事业收入"　　　　　　　D. "其他应收款"

15. 事业单位因开展科研及辅助活动从非同级政府财政部门取得的经费拨款,通过（　　）科目核算。
    A. "非财政拨款收入"　　　　B. "上级补助收入"
    C. "事业收入"　　　　　　　D. "财政预算收入"

16. 事业单位所属独立核算单位的各项收入,由所属独立单位自行组织核算,上级单位通过（　　）科目进行记录。
    A. "附属单位上缴收入"　　　B. "不进行记录"
    C. "事业收入"　　　　　　　D. "经营收入"

17. 年末,"投资预算收益"科目结转时应转入（　　）科目。
    A. "本年盈余"　　　　　　　B. "非财政拨款结转"
    C. "非财政拨款结余"　　　　D. "其他结余"

18. 下列收入在"其他预算收入"科目核算的是（　　）。
    A. 捐赠预算收入　　　　　　B. 投资预算收益
    C. 租金预算收入　　　　　　D. 现金盘盈收入

19. （　　）是事业单位按照规定从银行和其他金融机构等借入的,纳入部门预算管理的,不以财政资金作为偿还来源的债务本金
    A. 事业支出　　　　　　　　B. 债务还本支出
    C. 其他预算收入　　　　　　D. 债务预算收入

20. 事业单位到期收回以前年度以货币资金取得的短期债券投资,预算会计应按照实际取得的价款,结转投资成本时,应贷记（　　）科目。
    A. "投资支出"　　　　　　　B. "其他结余"
    C. "短期投资"　　　　　　　D. "投资预算收益"

二、多项选择题

1. 下列属于非税收入的包括（　　）。
   A. 专项收入　　　　　　　　B. 行政事业性收费收入
   C. 罚没收入　　　　　　　　D. 国有资产（资源）有偿使用收入

2. 下列预算收入类科目中行政单位禁用的会计科目是（　　）。
   A. 事业预算收入　　　　　　B. 上级补助预算收入

C. 附属单位上缴预算收入　　　　D. 投资预算收益

3. 下列收入中属于行政事业单位共同收入来源的包含（　　）。

   A. 财政拨款预算收入　　　　B. 非同级财政拨款预算收入

   C. 其他预算收入　　　　　　D. 债务预算收入

4. 下列收入中属于事业单位特有收入来源的包含（　　）。

   A. 利息收入　　　　　　　　B. 租金收入

   C. 附属单位上缴收入　　　　D. 其他收入

5. 取得财政拨款收入的方式主要有以下（　　）方式。

   A. 财政直接支付　　　　　　B. 财政授权支付

   C. 其他支付　　　　　　　　D. 间接支付

6. 在权责发生制下应确认的收入但不同时确认预算收入的业务包含（　　）。

   A. 销售产品，款未收到　　　B. 预收账款确认的收入

   C. 接受非货币性资产捐赠　　D. 收到应收款项

7. 在权责发生制下确认预算收入但不同时确认收入的业务包含（　　）。

   A. 收到应收款项　　　　　　B. 收到预收账款

   C. 取得借款　　　　　　　　D. 销售产品，款未收到

8. 各事业单位业务性质不同，事业收入的具体内容有差异，可归为（　　）。

   A. 从同级政府财政部门取得的各类财政拨款

   B. 事业单位开展专业活动取得的收入

   C. 事业单位开展辅助活动取得的收入

   D. 事业单位因开展专业业务活动及其辅助活动取得的非同级财政拨款收入

9. 下列属于事业收入的包含（　　）。

   A. 公立医院的医疗收入和科研收入

   B. 中小学的学费、住宿费、考试报名费、考试考务费等

   C. 高校向学生个人或者单位收取的学费、住宿费、委托培养费、考试考务费等

   D. 彩票发行费收入

10. 上级补助收入是事业单位从（　　）取得的非财政拨款收入。

    A. 财政部门　　　　　　　　B. 主管部门

    C. 上级单位　　　　　　　　D. 财政部门安排的财政预算资金

11. 非同级财政拨款收入核算单位从（　　）拨款。

    A. 同级政府其他部门取得的横向转拨财政

    B. 从上级政府财政部门取得的经费

    C. 从下级政府部门取得的经费

D. 非同级政府财政部门取得的经费

12. 在预算会计体系中，通过"其他预算收入"科目核算的包含（    ）。
    A. 接受捐赠收入              B. 利息收入
    C. 租金收入                  D. 现金盘盈收入

13. 在财务会计体系中，通过"其他收入"科目核算的包含（    ）。
    A. 现金盘盈收入              B. 接受捐赠收入
    C. 无法偿付的应付及预收款项   D. 利息收入

14. 从债务预算收入的核算范围可知，需要确认"债务预算收入"必须符合（    ）条件。
    A. 按照规定报批借入
    B. 财政预算安排，纳入部门预算管理
    C. 未来不以财政资金还本金
    D. 用自有资金偿还

15. 下列收入应当按照发放补助单位、补助项目和《政府收支分类科目》中"支出功能分类科目"的项级科目等进行明细核算的是（    ）。
    A. 财政拨款预算收入          B. 非同级财政拨款预算收入
    C. 债务预算收入              D. 其他预算收入

### 三、判断题

1. 财政拨款收入、捐赠收入、利息收入这3个科目日常核算均采用收付实现制，不采用权责发生制。（    ）

2. 租金收入是行政事业单位利用单位资产出租取得并按照规定纳入单位预算管理的租金收入。（    ）

3. 事业收入是指事业单位开展专业业务活动及辅助活动实现的收入。（    ）

4. 科研经费按资金性质主要分两类：一类是财政拨款，另一类是非财政拨款，由于新政府会计制度对收入统一按收付实现制来确认，因此，科研经费也按收付实现制确认。（    ）

5. 上级补助预算收入是事业单位从财政、主管部门及上级单位取得的非财政补助现金流入。（    ）

6. 上级补助收入不是来源于财政部门，也不是财政部门安排的财政预算资金，而是由其主管部门或上级单位拨入的非财政性资金。（    ）

7. 事业附属单位指的是事业单位内部设立且独立核算的下级单位，与上级单位存在一定的体制关系。（    ）

8. 事业附属单位指的是事业单位内部设立且独立核算的下级单位,所以,事业单位与附属单位之间的往来款项,通过附属单位缴款核算。（　　）

9. 事业单位在专业业务活动及其辅助活动之外开展独立核算经营活动取得的收入,为经营收入。（　　）

10. 事业单位所属独立核算单位的各项收入,由所属独立单位自行组织核算,同时,上级单位通过"附属单位上缴收入"科目进行核算。（　　）

11. 非同级财政拨款预算收入凡是转到"非财政拨款结转"的资金,原则上都属于有限定用途的,当年没有用完,转到下一年度继续按原用途使用。（　　）

12. 上级补助收入、财政拨款收入、附属单位上缴收入与事业收入都属于事业单位的收入,不属于"事业收入"。（　　）

13. 根据政府会计第 2 号准则,长期股权投资在持有期间,通常应当采用权益法进行核算。（　　）

14. 租金收入是单位经批准利用国有资产出租取得并按照规定纳入本单位预算管理的收入。根据《政府会计制度》,国有资产出租收入,应当在收到租金时予以确认收入。（　　）

15. 债务预算收入是指事业单位按照规定从银行和其他金融机构等借入的、不纳入部门预算管理的、以财政资金作为偿还来源的债务本金。（　　）

## 四、业务题

（一）练习财政拨款收入与财政拨款预算收入的账务处理

1. 2020 年 4 月,某事业单位发生如下经济业务:

财政直接支付方式下,根据收到的"财政直接支付入账通知书"及相关原始凭证,按照通知书中的直接支付入账金额,采购库存物品 4 000 元,采购电脑 50 000 元（均已验收入库）,支付业务用印刷费 2 000 元,后勤零星办公用品 450 元。（暂不考虑增值税）

2. 某行政单位通过财政直接支付方式支付相关费用共计 150 000 元,其中日常活动经费 30 000 元,工资 120 000 元。该行政单位当年财政直接支付预算指标数为 550 000 元,当年实际发生财政直接支付 350 000 元,年末财政确定该行政单位应收财政返还额度为 200 000 元。

（1）收到银行出具的财政直接支付入账通知书及相关单据

（2）年末,确定应收财政返还额度

3. 2020 年 6 月,某事业单位发生如下经济业务:

（1）6 月 1 日,财政授权支付方式下,收到的"财政授权支付额度到账通知书",通知书中的授权支付额度为 60 000 元。

(2) 6月5日,财政授权支付一笔业务复印费2 500元。

(3) 年末,本年度财政授权支付预算指标数350万元,零余额账户用款额度下达数320万元,未下达的用款额度为30万元。

4. 2020年12月,某事业单位发生如下经济业务:

(1) 12月6日,单位基本账户实际收到财政拨款收入7 000元。

(2) 12月8日,单位基本账户收到同级政府财政部门预拨的下期预算款20 000元。

(3) 2021年1月,将上年12月8日预拨的预算款20 000元纳入预算。

(4) 2020年12月14日,单位基本账户收到没有纳入预算的暂付款项20 000元。

(5) 2021年1月10日,将上年12月14日收到没有纳入预算的暂付款项20 000元批准纳入年度预算。

5. 2020年9月,某事业单位发生如下经济业务:

(1) 9月3日,因差错更正发生国库直接支付款项退回的,属于本年度支付的款项,金额为5 000元。

(2) 9月10日,因购货退回发生国库直接支付款项退回的,属于本年度支付的款项,金额为1 500元。

(二) 练习事业收入与事业预算收入的账务处理

1. 2020年4月,某事业单位发生如下经济业务:

(1) 4月12日,某事业单位发生专业业务收入45 000元,银行已收款,实行收支两条线,须上缴财政专户。

(2) 4月15日,向财政专户上缴款项45 000元,银行已付讫。

(3) 4月26日,通过用款计划申请,收到从财政专户返还的收入45 000元,银行已到款。

2. 2020年7月,某事业单位发生如下经济业务:

(1) 7月5日,提供对外专业咨询服务,应收3 000元服务费,款项未收,应上缴财政专户。

(2) 7月7日,按规定将3 000元服务费上缴财政。

(3) 7月10日,收到7月5日对外提供专业咨询服务费3 000元。

(4) 7月15日,通过用款计划申请,收到从财政专户返还的收入3 000元,银行已到款。

3. 某高校2020年9月收到学生2020年度学生学费530万元,全部收集后上缴财政专户。2020年10月收到财政返还学费424万元。

(1) 收学生学费存入单位实有资金账户。

(2) 上缴财政专户。

(3) 直接缴入财政专户或非税专户（凭学生缴费的非税收入票据六联单的记账联做账）。

(4) 10 月财政返还学费 424 万元至单位结算账户。

(5) 假如财政返还学费 424 万元，下指标至国库集中支付系统。

①收到财政返还学费指标。

②发放聘用教师工资 45 万元。

(6) 年末未用完的专户指标 120 万元。

4. 某科研事业单位 2020 年 9 月 1 日与某单位签订委托研究的科研课题，按合同规定预收对方单位款项 424 万元（不含税 400 万元）。2020 年 9 月底完成科研课题的 20%，根据完成进度确认收入 80 万元。

(1) 预收到科研课题费 424 万元，开具增值税专用发票。

(2) 完成科研课题 20%，确认收入。

5. 2020 年 10 月，某事业单位发生如下经济业务：

(1) 10 月 8 日，提供对外专业业务活动，合同约定预收服务款项 4 万元，银行已收讫。

(2) 11 月 3 日，以合同完成进度确认事业收入 20 000 元。

6. 2020 年 11 月，某事业单位发生如下经济业务：

(1) 11 月 5 日，某项目根据合同完成进度计算本期应收的款项为 3 500 元。

(2) 11 月 10 日，实际收到款项 3 500 元。

7. 某事业单位 2020 年 7 月销售研发产品一批，价款 100 万元，增值税 13 万元，增值税税率 13%，开具增值税专用发票，未收款。8 月收到货款 113 万元。

8. 2020 年 12 月，某事业单位发生如下经济业务：

(1) 12 月 2 日，对外提供专业业务活动，服务咨询费 1 200 元，现金已收讫。

(2) 12 月 3 日，款项交存银行。

9. 2020 年 12 月，某事业单位发生如下情况，事业收入本期贷方余额 150 万元；事业预算收入本年发生中的专项资金收入合计 125 万元，事业预算收入本年发生额中的非专项资金收入合计 250 万元，期末结转收入。

（三）练习上级补助收入与上级补助预算收入的账务处理

1. 2020 年 12 月，某事业单位发生如下经济业务：

(1) 12 月 8 日，实际收到上级补助收入 15 万元，银行已收讫。

(2) 12 月 15 日，按规定应收上级补助收入 6 万元。

(3) 12 月 20 日，银行收到应收的上级补助收入 6 万元。

(4) 12 月末，上级补助收入本期发生额为 35 万元，上级补助预算收入本年发生额中的专项资金收入合计数45万元，上级补助预算收入本年发生额中的非专项资金收入合计数110万元。

2. 2020年3月，某事业单位收到行政主管部门民政局集中社会资金45万元，按特定用途拨付所属事业单位执行救灾任务。

（1）收到救灾款项。

（2）按指定用途购买救灾物资等。

3. 某市科研单位收到其上级单位（某省事业单位）用自身的科研收入拨来的科研经费补助15万元，上级单位拨专项款至某市财政非税账户，然后以指标形式下到某市科研事业单位国库集中支付系统。

（1）国库集中支付系统收到非税专户转来指标。

（2）通过国库直接支付某科研项目特聘人员工资10万元。

（3）年末，登记未使用的专项资金额度5万元。

（4）年末，结转收入，"上级补助收入"贷方余额15万元，"上级补助预算收入"贷方余额15万元。

（四）练习附属单位上缴收入与附属单位上缴预算收入（事业单位）的账务处理

2020年11月，某事业单位发生如下经济业务：

1. 11月15日，确认附属单位上缴收入，银行实际直接收到的金额为3万元。

2. 11月20日，确认附属单位上缴收入，应收的金额为1万元。

3. 11月22日，银行实际收到应收附属单位上缴款款项金额为1万元。

4. 年末，附属单位上缴收入科目贷方余额为9万元。"附属单位上缴预算收入"本年发生额中的专项资金收入合计数为10万元，"附属单位上缴预算收入"本年发生额中的非专项资金收入合计数为25万元。

（五）练习经营收入与经营预算收入（事业单位）的账务处理

2020年12月，某事业单位发生如下经济业务：

1. 12月5日，对外提供打印服务，收取打印收入2 000元，实际收到1 500元，款已存银行。

2. 12月7日，某事业单位对外销售一项附属产品，价值200 000元，款项尚未收到。该事业单位为增值税一般纳税人，销售商品的增值税税率为13%，增值税销项税额为26 000元。

3. 12月8日，对外提供经营活动，款项未收到，服务金额为5 000元。

4. 12月15日，收到应收的经营收入5 000元。

5. 12月20日，收到应收的经营收入及增值税税款22 600元。

6. 年末，经营收入本期发生额为5万元，经营预算收入本年发生额为25万元。

（六）练习非同级财政拨款收入与非同级财政拨款预算收入的账务处理

2020年，某事业单位发生如下经济业务：

1. 3月5日，按文件确认应收到一笔非同级财政拨款收入12万元，款项未收到。

2. 4月10日，银行实际上月应收到的非同级财政拨款收入款项12万元。

3. 5月20日，银行收到非同级财政拨款收入款项6万元。

4. 12月31日，年末业务处理："非同级财政拨款收入"本期贷方发生额25万元，"非同级财政拨款预算收入"本年发生额中的专项资金收入合计数45万元，"非同级财政拨款预算收入"本年发生额中的非专项资金收入合计数92万元。

（七）练习捐赠收入与其他预算收入核算的账务处理

1. 2020年11月，某事业单位发生如下经济业务：

（1）11月1日，接受外单位捐赠现金2 000元，捐赠收入不上缴财政专户。

（2）11月2日，银行收到某企业捐赠3 000元。

（3）11月5日，银行收到外单位捐赠人民币25 000元，捐赠收入应上缴财政专户。

（4）11月6日，银行上缴财政专户25 000元。

（5）11月30日，按照用款计划申请审批，财政专户返还25 000元到基本账户。

2. 2020年12月，某事业单位发生如下经济业务：

（1）12月9日，接受捐赠低值易耗品一批，票据载明12 000元，发生相关税费运输费600元，银行支付完毕。

（2）12月15日，接受捐赠电脑10台，票据载明60 000元，发生相关税费运输费500元，财政授权支付完毕。

（3）12月18日，接受捐赠存货一批，无法估计成本，以名义金额入账，发生相关税费运输费等支出1 200元，财政直接支付完毕。

（4）年末业务处理：捐赠收入本期贷方发生额为12万元，"其他预算收入"本年发生额中的专项资金收入合计数23万元，"其他预算收入"本年发生额中的非专项资金收入45万元。

（八）练习利息收入与其他预算收入核算的账务处理

2020年12月，某事业单位发生如下经济业务：

1. 12月3日，取得银行利息收入1 800元，利息收入不上缴财政专户。

2. 12月5日，某事业单位取得银行利息收入4 500元，利息收入上缴财政专户。

（1）实际收到利息时确认银行存款利息收入。

（2）12月5日，利息收入4 500元上缴财政专户。

（3）12月9日，年度预算用款计划审批，财政返还4 500元到基本账户。

3. 年末，本期利息收入贷方发生额3 500元，利息预算收入8 000元转入其他结余。

（九）练习租金收入与其他预算收入核算的账务处理

1. 2020年12月5日，某事业单位与商家签订租赁合同，合同约定，租期从2021年1月至12月，租金于2020年12月签订合同后，一次性支付2021年租金24万元。

（1）2020年12月收到租金时。

（2）2020年1—12月，每月按权责发生制确认收入。

2. 2020年4月，某行政单位发生如下经济业务：

（1）4月1日，出租某办公用房三个月，采用预收租金方式，4月1日银行收到资产承租人一次性支付的租金9 000元，租金收入不上缴财政专户。

（2）直线法分期确认4月、5月、6月租金收入3 000元。

3. 2020年5月，某事业单位发生如下经济业务：

（1）5月1日，出租某办公用房三个月，采用后付租金方式，7月30日银行收到资产承租人一次性支付的租金9 000元，租金收入不上缴财政专户。

（2）7月30日，一次性收取租金9 000元。

4. 2020年5月，某事业单位发生如下经济业务：出租某办公用房，每月收取租金5 000元，款项已到银行，租金收入不上缴财政专户。

分期收取租金方式：按期收取租金。

5. 2020年12月，某事业单位发生如下经济业务：

（1）12月1日，出租某办公用房，每月收取租金6 000元，租金收入上缴财政专户，款项已到银行。

（2）12月6日，租金收入6 000元上缴财政专户。

（3）12月12日，通过预算安排用款计划审批，财政专户返还6 000元已到银行。

分期收取租金方式：按期收取租金。

（4）年末，租金收入本期发生额贷方余额为25 000元。本年其他预算收入–租金预算收入30 000元结转到其他结余。

（十）练习其他收入与其他预算收入的账务处理

1. 2020年5月，某事业单位发生如下经济业务：

（1）5月5日，现金账款核对中发现现金溢余120元。

（2）经核实，100元属于应支付给有关个人和单位的部分。

（3）经核实，20元属于无法查明原因的部分，报经批准后转入其他收入。

2. 2020年5月，某行政单位收回3月已核销的其他应收款4万元，款项已到银行。

3. 2020年12月，某事业单位发生如下经济业务：

（1）12月5日，某事业单位按照规定留归本单位的科技成果转化所取得的收入扣除

相关费用后净收益为 10 万元。(若不上缴财政专户)

(2) 12月10日,经联系,已确定无法偿付或债权人豁免偿还的应付账款 15 万元、预收账款 1 万元、其他应付款 2.5 万元及长期应付款 4 万元。

(3) 12月14日,以未入账的无形资产取得的长期股权投资,无形资产评估价值 12 万元,相关税费为 1.1 万元,款项已经银行支付。

(4) 期末,其他收入科目本期发生额贷方余额为 21 万元,"其他预算收入"本年发生额中的专项资金收入合计数为 55 万元,"其他预算收入"本年发生额中的非专项资金收入合计数为 32 万元。

(十一) 练习投资收益与投资预算收益的账务处理

1. 某事业单位投资了一项长期债券,采用的支付方式是分期付息、一次还本,每期应计的利息为 5 500 元,利息已收到。

2. 某事业单位一项长期股权投资按成本法核算,被投资单位次年宣告分配股利 40 000 元,属于本单位享有的股利份额为 16 000 元,股利尚未收到。

3. 某事业单位持有 A 公司 10% 的股份,相应的长期股权投资采用成本法核算。某日,该事业单位收到 B 公司数日前宣告分派现金股利 15 000 元,款已存入银行。

4. 某事业单位一项长期股权投资按权益法核算,年底被投资单位实现净利润 90 000 元,按投资份额计算,属于该事业单位享有的被投资单位净利润为 40 000 元。被投资单位次年 3 月宣告分配股利 20 000 元,属于本单位享有的股利份额为 12 000 元,股利尚未收到。

5. 某事业单位发生如下业务:

(1) 3月1日,某事业单位将单位闲置资金 400 000 元,用于购买三年期国债。该国债每年付息一次,到期还本,该事业单位准备持有至到期。

(2) 12月31日,该事业单位的全资子公司实现利润 1 500 000 元。

(3) 次年,3月2日,该事业单位的全资子公司宣告并发放股息分红 800 000 元。

6. 某事业单位出售一项本年度取得的短期投资,实际收到款项 12 800 元,款已存入银行。该项短期投资的账面余额为 12 500 元,取得时"投资支出"科目的发生额为 12 500 元。

按照规定,本次短期投资出售取得的投资收益纳入单位预算管理。

7. 某事业单位在 A 年终结账时,"投资收益"科目的贷方余额为 900 000 元,"投资预算收益"科目的贷方余额为 860 000 元。

(十二) 练习短期借款、长期借款与债务预算收入、债务还本支出核算的账务处理

1. 2020年5月30日,A 学校经上级主管部门批准,从当地工商银行借入 1 000 000 元,该贷款为期 6 个月,年利率 6%,到期一次还本付息。学校已将该贷款纳入部门预算

管理，以自有资金作为偿还来源，编制借款、计息、还本付息、结转收入等相关会计分录。

2. 2020年1月1日，A学校经上级主管部门批准，从当地建设银行借入10 000 000元，用于学校建设。该贷款为期2年，年利率5.8%，到期一次还本付息。学校已将该贷款纳入部门预算管理，以自有资金作为偿还来源，作为单位工程项目专用，编制借入、计息、还本付息、期末结转相关会计分录。

### 五、案例分析题

资料：大多数行政事业单位对于通用办公设备设施、车辆、房屋等大宗资产报废处置都比较重视，但行政事业单位还存在一些不计入资产管理、没有单独计价直接计入支出的低值易耗品，经过耗用后还有一定残值，比如过期废旧的报刊、纸壳、塑料、金属、泡沫等。对于这些回收难度大、回收价值较小的废旧物资，大多数行政事业单位往往不会在意。管理较为规范的单位可能会集中变卖，将款项存入单位账，有些会上缴国库，有些直接留用。也有不少的单位可能就随意丢弃；即使出售得到几十块钱，因为金额不大，就不上账。

讨论：单位取得旧书报、废铁等废旧物资变现的收入是否属于非税收入？是否需要上缴国库？还是可直接作为其他收入留于单位使用？依据是什么？

（张红宇）

# 第十三章 费用与预算支出

**思考题**

1. 费用与支出有什么区别与联系？
2. 业务活动费用和单位管理费用如何区分？
3. 费用类科目是否需要与预算支出一样，按照经济分类设置明细科目核算？

## 一、单项选择题

1. 单位在账款核对中发现的现金短缺，无法查明原因的，报经批准核销时通过（    ）科目核算。
   A. "资产处置费用"      B. "单位管理费用"
   C. "其他费用"          D. "经营费用"

2. 在财政直接支付方式下，事业单位向职工实际支付工资、津贴等薪酬时的预算会计的处理为（    ）。
   A. 借：事业支出
      贷：财政拨款预算收入
   B. 借：行政支出
      贷：财政拨款收入
   C. 借：事业支出
      贷：资金结存——财政应返还额度
   D. 借：事业支出
      贷：零余额账户用款额度

3. 实行内部成本核算的事业单位，开展专业业务活动及辅助活动发生的应计入劳务或产品成本的各项费用，应先通过（    ）科目归集。
   A. "产成品"            B. "事业支出"
   C. "经营支出"          D. "成本费用"

4. 事业单位开展各项专业活动而发生的下列各项支出中，计入事业支出的是（    ）。
   A. 销售产品负担的税金   B. 上缴上级支出
   C. 提取的社会保障费     D. 拨出的经费

5. 事业单位通过财政直接支付方式购置固定资产的账务处理，以下不涉及的会计科目是（  ）。
   A. 事业支出　　　　　　　　B. 固定基金
   C. 拨入经费　　　　　　　　D. 财政补助收入

6. 实行国库集中支付后，对于由财政直接支付的工资，事业单位应借记"事业支出"科目，贷记（  ）科目。
   A. "财政补助收入"　　　　　B. "银行存款"
   C. "现金"　　　　　　　　　D. "应付工资"

7. 某单位是有企业所得税纳税义务的事业单位，下列各项中，关于该单位应缴纳企业所得税的会计处理表述正确的是（  ）。
   A. 借记"其他支出"科目，贷记"应缴税费——应缴企业所得税"科目
   B. 借记"非财政补助结余分配"科目，贷记"应缴税费——应缴企业所得税"科目
   C. 借记"所得税"科目，贷记"应缴税费——应缴企业所得税"科目
   D. 借记"经营支出"科目，贷记"应缴税费——应缴企业所得税"科目

8. 某行政单位租赁甲公司办公楼，租赁期10年，以财政授权支付方式一次性支付租金1 000万元。不考虑其他因素，下列会计处理不正确的是（  ）。
   A. 支付租金时，在财务会计中：
      借：长期待摊费用　　　　　1 000
      　　贷：零余额账户用款额度　　1 000
   B. 支付租金时，在预算会计中：
      借：行政支出　　　　　　　1 000
      　　贷：资金结存　　　　　　　1 000
   C. 每年摊销时，在预算会计中：
      借：业务活动费用　　　　　100
      　　贷：长期待摊费用　　　　　100
   D. 每年摊销时，在财务会计中：
      借：业务活动费用　　　　　100
      　　贷：长期待摊费用　　　　　100

9. 按照《预算法》的规定，各级政府财政预算收入和支出（  ）。
   A. 实行权责发生制　　　　　B. 实行收付实现制
   C. 以权责发生制为主　　　　D. 以收付实现制为主

10. 由单位统一负担的工会经费通过（  ）科目核算。

A. "单位管理费用" B. "业务活动费用"
C. "其他费用" D. "对附属单位补助费用"

11. 事业单位在置换资产过程中处置收入小于相关费用形成的净支出，通过下列科目核算（　　）。
   A. 业务活动费用 B. 单位管理费用
   C. 资产处置费用 D. 其他费用

12. 事业单位开展各项专业活动发生的下列各项支出中，计入事业支出的是（　　）。
   A. 销售产品负担的税金 B. 上缴上级支出
   C. 提取的社会保障费 D. 拨出的经费

13. 事业单位通过财政直接支付方式购置固定资产的账务处理，不涉及的会计科目是（　　）。
   A. 事业支出 B. 固定基金
   C. 财政拨款收入 D. 财政补助收入

14. 财政授权支付方式下，事业单位支付办公费用在预算会计中的核算正确的是（　　）。
   A. 借：单位管理费用
      贷：零余额账户用款额度
   B. 借：事业支出
      贷：零余额账户用款额度
   C. 借：事业支出
      贷：资金结存
   D. 借：单位管理费用
      贷：财政拨款预算收入

15. 下列不通过业务活动费用明细核算的是（　　）。
   A. 固定资产折旧费 B. 无形资产摊销费
   C. 公共基础设施折旧（摊销）费 D. 所得税费用

16. 下列各项中，不属于政府财务会计费用类科目的是（　　）。
   A. 其他费用 B. 所得税费用
   C. 资产处置费用 D. 事业支出

17. 下列各项中，不属于政府预算会计预算类支出科目的是（　　）。
   A. 其他支出 B. 债务还本支出
   C. 事业支出 D. 经营费用

18. 以下为高校计提固定资产折旧涉及的账务处理，正确的是（　　）。
   A. 借：业务活动费用
      贷：固定资产累计折旧
   B. 借：事业支出
      贷：累计折旧
   C. 借：业务活动费用
      贷：固定资产
   D. 借：事业支出
      贷：固定基金

19. 经批准冲销待核销基建支出时的分录是（　　）。

A. 借：固定资产
    贷：固定基金
B. 借：固定资产
    贷：资产处置费用
C. 借：资产处置费用
    贷：固定基金
D. 借：资产处置费用
    贷：在建工程——待核销基建支出

20. 某高校于 2020 年 1 月 5 日购入一批耗材 2 000 元，因该批耗材有质量问题发生退货，2020 年 11 月 5 日收到退回的 2 000 元货款，会计的处理不正确是（   ）
A. 借：银行存款        2 000
    贷：单位管理费用  2 000
B. 借：资金结存        2 000
    贷：事业支出      2 000
C. 借：其他应收款      2 000
    贷：单位管理费用  2 000
D. 借：银行存款        2 000
    贷：事业支出      2 000

21. 某高校的行政办公室购买了一批办公用品，在进行会计核算时，不记入以下科目（   ）。
A. 行政支出
B. 事业支出
C. 单位管理费用
D. 银行存款

22. 某行政机关的后勤部门，因疫情防控需要购入消毒物品一批，在进行会计核算时，不记入以下科目（   ）
A. 行政支出
B. 事业支出
C. 银行存款
D. 业务活动费用

23. 单位应缴纳的印花税，不通过（   ）科目核算。
A. "业务活动费用"
B. "单位管理费用"
C. "经营费用"
D. "其他应交税费"

## 二、多项选择题

1. 业务活动费用可按照以下科目设置明细核算（   ）。
A. "工资福利费用"
B. "商品和服务费用"
C. "对个人和家庭的补助费用"
D. "对企业补助费用"

2. 下列各项中，属于政府预算会计预算类支出科目的是（   ）。
A. 其他支出
B. 债务还本支出
C. 事业支出
D. 经营费用

3. 事业单位账款核对中发现的现金短缺，属于无法查明原因的，报经批准核销时，通过（   ）科目核算
A. "单位管理费用"
B. "资产处置费用"
C. "业务活动费用"
D. "待处理财产损溢"

4. 对于由财政直接支付的购置固定资产的款项，事业单位的账务处理是（   ）。

A. 借记"事业支出"科目，贷记"财政拨款预算收入"科目
B. 借记"经费支出"科目，贷记"财政补助收入"科目
C. 借记"事业支出"科目，贷记"财政补助收入"科目
D. 借记"固定资产"科目，贷记"财政拨款收入"科目

5. 下列各项中，属于政府财务会计费用类科目的是（    ）。

   A. 其他费用              B. 所得税费用
   C. 资产处置费用          D. 事业支出

6. 业务活动费用可按照以下科目设置明细核算（    ）。

   A. "固定资产折旧费"
   B. "无形资产摊销费"
   C. "公共基础设施折旧（摊销）费"
   D. "所得税费用"

7. 根据不同来源，事业单位购置固定资产时，应借记的科目有（    ）。

   A. 事业支出              B. 专款支出
   C. 专用基金——修购基金   D. 专用基金——一般基金

8. 2020年11月1日，某事业单位根据经过批准的部门预算和用款计划向同级财政部门申请支付购买办公用品0.8万元。11月9日，财政部门经审核后，以财政直接支付方式向供应商支付了该办公用品费用0.8万元。11月12日，该事业单位收到了"财政直接支付入账通知书"。该事业单位的账务处理包括（    ）。

   A. 借：事业支出      0.8
      贷：财政拨款预算收入    0.8
   B. 借：资金结存——零余额账户用款额度    0.8
      贷：财政拨款预算收入    0.8
   C. 借：单位管理费用    0.8
      贷：财政拨款收入    0.8
   D. 借：零余额账户用款额度    0.8
      贷：财政拨款收入    0.8

9. 以下基本建设支出中，可计入项目建设管理费的有（    ）。

   A. 代建管理费           B. 业务招待费
   C. 固定资产使用费       D. 借款利息支出

10. 交付使用的房屋建筑物的建设成本，由（    ）构成。

    A. 建筑工程支出        B. 安装工程支出
    C. 设备投资支出        D. 待摊投资支出

11. 费用的确认应当同时满足以下条件（　　）。
    A. 与费用相关的含有服务潜力或者经济利益的经济资源很可能流出政府会计主体。
    B. 含有服务潜力或者经济利益的经济资源流出会导致政府会计主体资产减少或者负债增加。
    C. 流出金额能够可靠地计量。
    D. 资金的流出。

12. 以下会计要素中，属于政府财务会计要素的有（　　）。
    A. 上缴上级支出　　　　　　　　B. 对附属单位补助支出
    C. 上缴上级费用　　　　　　　　D. 对附属单位补助费用

13. 单位计提固定资产折旧涉及的账务处理，不正确的是（　　）
    A. 借：业务活动费用　　　　　　B. 借：事业支出
       贷：固定资产累计折旧　　　　　贷：累计折旧
    C. 借：业务活动费用　　　　　　D. 借：事业支出
       贷：固定资产　　　　　　　　　贷：固定基金

14. 某事业单位于2020年5月1日购入一批办公用品3 000元，因该批货物有质量问题发生退货，2020年8月1日收到退回的3 000元货款，应做如下的会计处理（　　）。
    A. 借：银行存款　　　3 000　　　B. 借：资金结存　　　3 000
       贷：单位管理费用　3 000　　　　贷：事业支出　　　　3 000
    C. 借：其他应收款　　3 000　　　D. 借：银行存款　　　3 000
       贷：单位管理费用　3 000　　　　贷：事业支出　　　　3 000

15. 事业单位收到上年度企业所得税退税，财务会计如何进行账务处理？（　　）
    A. 借记"银行存款"　　　　　　　B. 贷记"累计盈余"
    C. 借记：所得税费用　　　　　　D. 贷记：其他应交税款

16. 单位为了支持疫情防控工作，使用自有资金购买医用口罩一批捐给医院，该批防控物资由生产商直接供货给医院，单位的财务处理是（　　）。
    A. 财务会计借记"其他费用"　　　B. 财务会计贷记"银行存款"
    C. 预算会计借记"其他支出"　　　D. 预算会计贷记"资金结存"

17. "长期股权投资"核算事业单位按规定取得的，持有时间超过1年（不含1年）的股权性质的投资，采用权益法核算的，应按（　　）设置明细科目核算。
    A. 成本　　　　　　　　　　　　B. 损益调整
    C. 其他权益变动　　　　　　　　D. 应计利息

18. 某高校的行政办公室购买了一批办公用品，在进行会计核算时，应该记入以下科目（　　）。
   A. "行政支出"                B. "事业支出"
   C. "单位管理费用"            D. "银行存款"
19. 某行政机关的后勤部门，因疫情防控需要购入消毒物品一批，在进行会计核算时，应记入以下科目（　　）。
   A. "行政支出"                B. "事业支出"
   C. "单位管理费用"            D. "业务活动费用"
20. 单位应缴纳的印花税不需要预提应交税费，直接通过（　　）等科目核算。
   A. "业务活动费用"            B. "单位管理费用"
   C. "经营费用"                D. "其他应交税费"

## 三、判断题

1. "经营费用"科目核算事业单位在专业业务活动及其辅助活动之外开展独立核算经营活动时发生的各项费用。（　　）
2. 为经营活动人员计提的薪酬，按照计算确定的金额，通过"经营费用"科目核算。（　　）
3. "对附属单位补助费用"科目核算事业单位用收入对附属单位补助发生的费用。（　　）
4. "行政支出"科目核算单位履行其职责时实际发生的各项现金流出。（　　）
5. "事业支出"科目核算单位开展专业业务活动及其辅助活动时实际发生的各项现金流出。（　　）
6. "单位管理费用"科目核算事业单位本级行政及后勤管理部门开展管理活动时发生的各项费用。（　　）
7. "其他费用"核算相关税费、利息费用、罚没支出、现金资产捐赠支出。（　　）
8. "资产处置费用"对应"行政支出"是在平行记账时财务会计对应的预算会计科目。（　　）
9. 政府财务会计要素包括收入和支出。（　　）
10. 单位随买随用的零星办公用品，可在购进时直接列作费用。（　　）
11. 基建转出投资核算为建设项目配套而建成的、产权不归属本单位的专用设施的实际成本。（　　）
12. 单位在资产清查中查明资产盘亏、毁损及资产报废等，直接将处理资产价值和处理净支出计入"资产处置费用"。（　　）

13. 在资产的盘亏、毁损和报废处理时，由于没有现金流，不涉及预算会计核算。
（    ）
14. 单位缴纳个人所得税时，在预算会计体系中，按应缴纳的税款金额，记入事业支出。
（    ）
15. 行政事业单位开展业务活动时领用库存物品，在预算会计中无须进行账务处理。
（    ）
16. 业务活动费用核算为单位为实现其职能目标，依法履职或开展专业业务活动时及其辅助活动所发生的各项费用。
（    ）
17. 业务活动费用可设置"计提专用基金"明细科目核算。（    ）
18. 上缴上级费用科目核算为单位按照财政部门和主管部门的规定上缴上级单位款项发生的费用。
（    ）
19. 罚没支出是指单位发生罚没支出时按照实际缴纳或应当缴纳的金额，记入其他费用核算。
（    ）
20. 高校发生教育、科研、医疗、行政管理、后勤保障等活动的，可单设"教育支出""科研支出""医疗支出""行政管理支出""后勤保障支出"等一级会计科目进行核算。
（    ）
21. 高校如果有两种以上财政拨款的，应当在"财政拨款支出"明细科目下按照财政拨款的种类进行明细核算。
（    ）
22. 对于暂付款项，在支付款项时，按照结算或报销的金额，记入事业支出。（    ）
23. 投资支出科目用于核算单位以货币资金对外投资发生的现金流出。（    ）
24. 债务还本支出科目用于核算事业单位偿还自身承担的从金融机构举借的债务本金的现金流出。
（    ）
25. 单位发生利息支出、捐赠支出一般通过"其他支出"科目核算，如果涉及的金额较大或业务较多的，也可单独设置"利息支出""捐赠支出"等一级科目进行核算。
（    ）
26. 事业单位偿还借款本金和利息都记入"债务还本支出"。（    ）
27. 年末，事业单位应对"短期投资""长期股权投资""长期债券投资"科目进行财务会计的结转处理。
（    ）

## 四、业务题

1. 某事业单位年终分配前经营结余贷方余额200万元，按规定，经营结余按25%计算应缴所得税后，请做出缴纳所得税及年终结转的账务处理。

2. 某事业单位根据体制安排和本年事业收入的数额，经过计算，本年应上缴上级单位款项 200 000 元，单位通过银行转账上缴了款项，请做出账务处理。

3. 某事业单位自有经费，对所属独立核算杂志社补助 50 000 元，以银行存款支付，请做出账务处理。

4. 某事业单位因业务发展的需要从银行借入了一笔 10 年期的长期借款，按规定支付本期借款利息 100 000 元，请做出账务处理。

5. 某事业单位为支持社会公益事业发展，向某慈善机构捐赠现款 50 000 元，请做出账务处理。

6. 某事业单位当日现金账款核对中发现短缺 200 元，无法查明原因，经批准予以核销，请做出账务处理。

7. 某事业单位 2020 年底缴纳印花税 2 000 元，以银行存款方式支付给相关部门，请做出账务处理。

8. 2020 年 5 月，某疾控中心使用中央财政拨款资金购买一批防护服用于疫情防控，金额为 80 000 元，防护服于当日入库。次日，工作人员领用防护服 5 000 元。请对购买及领用进行账务处理。

9. 某医院为工作在一线救治新冠感染者的医护人员发放临时性补助，按照发放标准，2020 年 2 月应发放补助 160 000 元，该笔补助于 3 月 3 日通过财政直接支付形式发放。请对计提和发放做出账务处理。

10. 某事业单位对在疫情防控中做出贡献的工作人员进行奖励，对获得嘉奖记功、记大功表彰的工作人员给予一次性奖金共计 50 000 元，计提后予以发放，采用财政授权支付方式支付。请对计提及发放进行账务处理。

11. 某行政单位 2020 年 5 月 1 日采购了一批办公用品，开具发票 1 900 元，通过财政授权方式支付。该批办公用品购入后没有入库管理，直接发给该行政单位的各部门使用，请进行账务处理。

## 五、综合题

1. 某事业单位为了开展经营活动长期聘用 3 名职工，2020 年 5 月发生本月工资薪酬 25 000 元（其中基本工资 10 000 元，绩效工资 15 000 元），并在工资中代扣个人应缴的养老保险费 2 000 元、住房公积金 2 100 元、个人所得税 1 500 元。基本养老保险单位负担部分为 3 000 元，单位负担的住房公积金为 2 100 元。

请对计提、发放、纳税及缴纳保险进行账务处理。

2. 某事业单位发生固定资产报废，报废的固定资产原值 200 000 元，已计提折旧 100 000 元，以银行存款方式取得保险理赔 50 000 元，发生相关处置费用 600 元，用现金支付。

请对资产处置各环节做出账务处理。

## 六、案例分析题

审计部门对 A 事业单位进行的"三公经费"专项审计时发现，A 单位 2020 年 10 月发生的一笔公务接待费用 1 200 元，同时收到 2 名来访人员交来的餐费 80 元，并开具资金往来票据。

讨论：对于既有公务接待费用同时又收到交回餐费的情况，A 事业单位应该如何进行账务处理？如果 A 事业单位不是接待的主体，公务接待费也不在 A 单位核算，A 单位只收到了交回的餐费，要如何进行账务处理？

（王荣林）

# 第十四章 净资产与预算结余

**思考题**

1. 财务会计中的收入与费用、预算会计中的收入与支出期末是按月还是按年进行结转?
2. 事业单位发生的经营亏损,能否使用非财政拨款结余弥补?
3. 单位用上年结转的经费购买固定资产,财务会计是冲减累计盈余科目吗?
4. 本期盈余和累计盈余科目需要设置财政拨款、非同级财政拨款的明细科目吗?
5. 单位历年形成的长期挂账的其他应收款,在2019年预算会计新旧衔接时是否应作为结转结余的调整事项处理?

## 一、单项选择题

1. 因发生会计差错等事项调整以前年度财政拨款结余资金的,单位按照调整的金额在财务会计中应借记或者贷记(　　)科目。
   A. "财政拨款结余——单位内部调剂"
   B. "以前年度盈余调整"
   C. "累计盈余"
   D. "其他支出"

2. 下列各项中,关于非财政拨款结转结余的说法不正确的是(　　)。
   A. "其他结余"科目核算单位本年度除财政拨款收支、非同级财政专项资金收支和经营收支以外各项收支相抵后的余额
   B. 非财政拨款结余是指单位历年滚存的非限定用途的非同级财政拨款结余资金
   C. 专用结余是指事业单位按照规定从非财政拨款结余中提取的具有专门用途的资金
   D. 年末,应将"经营结余"科目余额结转至"非财政拨款结余分配"科目

3. 2020年末,某事业单位完成财政拨款收支结转后,对财政拨款结转各明细项目进行分析后,按照有关规定将某项目结余资金165 000元转入财政拨款结余。下列会

计处理中正确的是（   ）。

A. 借：财政拨款结转——累计结转　　165 000
　　贷：财政拨款结余——结转转入　　165 000

B. 借：财政拨款结余——累计结转　　165 000
　　贷：财政拨款结余——结转转入　　165 000

C. 借：非财政拨款结转——累计结转　　165 000
　　贷：非财政拨款结余——结转转入　　165 000

D. 借：非财政拨款结转——累计结转　　165 000
　　贷：非财政拨款结转——结转转入　　165 000

4. 年末，事业单位应将"其他结余"科目余额和"经营结余"科目贷方余额转入（   ）科目。

A. "专用基金" B. "本年盈余分配"
C. "经营结余" D. "非财政拨款结余分配"

5. 下列各项中，不属于事业单位净资产的是（   ）。

A. 累计盈余 B. 权益法调整
C. 以前年度盈余调整 D. 非财政拨款结余分配

6. 年末，单位应将"本年盈余分配"科目的余额转入（   ）。

A. 累计盈余 B. 专用基金
C. 资金结存 D. 财政拨款结转

7. 用财政资金安排的基本建设项目形成的结余资金，应当（   ）。

A. 缴回同级财政 B. 留归建设单位使用
C. 30%上缴同级财政，其他留用 D. 70%上缴财政，其他留用

8. 需要缴回同级财政的项目结余资金，应当在（   ）上缴财政。

A. 项目验收合格后一个月内 B. 项目验收合格后三个月内
C. 编制竣工财务决算前 D. 取得竣工财务决算批复后一个月内

9. 2019年1月1日起事业单位执行《政府会计制度》后不再计提修购基金，原因是（   ）。

A. 事业单位不再确认事业收入和经营收入
B. 事业单位取得的财政拨款收入不得计提修购基金
C. 事业单位统一施行固定资产折旧制度
D. 《政府会计制度》不允许事业单位计提修购基金

10. 某中央事业单位某会计年度取得非财政拨款结余178万元，其中非财政拨款专项资金结余45万元；其他结余158万元；经营结余 -25万元。如果可按照可用于

分配的非财政拨款结余的40%计提职工福利基金,则可计提职工福利基金( )万元。(以万元为单位,保留两位小数)

A. 63.20　　　　　　　　　　　B. 53.20

C. 152.40　　　　　　　　　　　D. 142.40

11.《政府会计制度》中财务会计的会计要素不包括( )。

A. 资产　　　　　　　　　　　　B. 负债

C. 所有者权益　　　　　　　　　D. 净资产

12. 事业单位按照规定从非财政拨款结余中提取的具有专门用途的资金变动和滚存情况记入( )。

A. 累计盈余　　　　　　　　　　B. 专用结余

C. 经营结余　　　　　　　　　　D. 非财政拨款结余

13. 在财务会计体系中,事业单位收到的上年度购货退回,调整增加相关资产,通过( )科目核算。

A. "固定资产"　　　　　　　　　B. "以前年度盈余调整"

C. "业务活动费用"　　　　　　　D. "待处理财务损溢"

14. 下列选项中,属于财务会计的净资产类科目有( )。

A. 专用基金　　　　　　　　　　B. 资金结存

C. 专用结余　　　　　　　　　　D. 现金

15. 盘盈的各种非流动资产,报经批准后处理时,借记"待处理财产损溢"科目,贷记( )科目。

A. "其他收入"　　　　　　　　　B. "以前年度盈余调整"

C. "本期盈余"　　　　　　　　　D. "累计盈余"

16. 因发生会计差错等事项调整以前年度财政拨款结余资金的,单位按照调整的金额在财务会计中应借记或者贷记( )科目。

A. "财政拨款结余——单位内部调剂"　B. "以前年度盈余调整"

C. "累计盈余"　　　　　　　　　D. "其他支出"

17. 以下不属于预算会计要素的是( )。

A. 预算支出　　　　　　　　　　B. 预算结余

C. 净资产　　　　　　　　　　　D. 预算收入

18. 关于权益法调整的核算,以下说法不正确的是( )。

A. 在财务会计体系中,应当通过"权益法调整"科目对事业单位持有的长期股权投资进行核算

B. 在财务会计体系中,"权益法调整"科目应当按照被投资单位进行明细核算

C. 预算会计体系中，权益法调整属于预算会计核算内容，应当设置相对应的核算科目

D. 长期股权投资处置时，"权益法调整"科目为借方余额的，应借记"投资收益"科目，贷记"权益法调整"科目

19. 在预算会计体系中，财政授权支付方式下，发生预算支出时按照实际支付的金额，应当贷记（　　）科目。

A. "零余额账户用款额度"

B. "资金结存——零余额账户用款额度"

C. "财政应返还额度"

D. "资金结存——财政应返还额度"

20. 年末，根据有关规定从本年度非财政拨款结余或经营结余中提取专用基金的，在预算会计体系中，以下说法正确的是（　　）。

A. 按照预算会计计算的提取金额，借记"本年盈余分配"科目，贷记"专用基金"科目

B. 按照预算会计计算的提取金额，借记"业务活动费"科目，贷记"专用基金"科目

C. 不做账务处理

D. 按照预算会计计算的提取金额，借记"非财政拨款结余分配"科目，贷记"专用结余"科目

## 二、多项选择题

1. 下列各项中，根据资金支付方式及资金形态，"资金结存"科目应设置（　　）明细科目。

A. "其他货币资金"　　　　　　　　B. "零余额账户用款额度"

C. "货币资金"　　　　　　　　　　D. "财政应返还额度"

2. 2020年年终结算时，某事业单位当年"其他结余"科目的贷方余额为 50 000 元，"经营结余"科目的贷方余额为 40 000 元。该事业单位按照有关规定提取职工福利基金 12 000 元。下列会计处理中正确的有（　　）。

A. 结转其他结余时：

　　借：其他结余　　　　　　　　　50 000

　　　　贷：非财政拨款结余分配　　　　　50 000

B. 结转经营结余时：

　　借：经营结余　　　　　　　　　40 000

　　　　贷：非财政拨款结余分配　　　　　40 000

C. 提取专用基金时：

借：非财政拨款结余分配　　　　　12 000

贷：专用结余——职工福利基金　　12 000 同时，

借：本年盈余分配　　　　　　　　12 000

贷：专用基金——职工福利基金　　12 000

D. 将"非财政拨款结余分配"科目的余额转入"非财政拨款结余"科目时：

借：非财政拨款结余分配　　　　　78 000

贷：非财政拨款结余　　　　　　　78 000

3. 下列各项中，关于事业单位净资产的说法正确的有（　　）。

　　A. "本期盈余"科目核算单位本期各项收入、费用相抵后的余额

　　B. "本年盈余分配"科目核算单位本年度盈余分配的情况和结果

　　C. "以前年度盈余调整"科目核算事业单位持有的长期股权投资，采用权益法核算时，按照被投资单位除净损益和利润分配以外的所有者权益变动份额，调整长期股权投资账面余额而计入净资产的金额

　　D. "累计盈余"科目核算单位历年实现的盈余扣除盈余分配后滚存的金额，以及因无偿调入调出资产产生的净资产变动额

4. 下列可计提职工福利基金的结余资金，包括（　　）。

　　A. 财政拨款结余资金　　　　　　B. 事业结余资金

　　C. 经营结余资金　　　　　　　　D. 财政专户返还收入形成的结余资金

5. 政府会计制度中财务会计要素包含（　　）。

　　A. 资产　　　　　　　　　　　　B. 负债

　　C. 所有者权益　　　　　　　　　D. 净资产

6. 非财政拨款结转应当设置如下明细科目（　　）。

　　A. "年初余额调整"　　　　　　　B. "缴回资金"

　　C. "项目间接费用或管理费"　　　D. "累计结转"

　　E. "本年收支结转"

7. 期末，转入"本期盈余"账户贷方的有（　　）。

　　A. 财政拨款预算收入　　　　　　B. 上级补助收入

　　C. 事业收入　　　　　　　　　　D. 经营收入

8. 年终结转非财政拨款专项收入，下列转入"本期盈余"科目贷方的有（　　）。

　　A. 事业收入　　　　　　　　　　B. 上级补助收入

　　C. 财政拨款收入　　　　　　　　D. 非同级财政拨款收入

9. 按规定上缴的财政拨款结余资金通过以下会计科目核算（　　）。

A. "累计盈余"  B. "本年盈余"
C. "财政拨款结余"  D. "资金结存"

10. 年末，按有关规定可以计提专用基金的科目是（    ）。
    A. "财政拨款结余"  B. "非财政拨款结余"
    C. "经营结余"  D. "累计盈余"

11. 从预算收入中按照一定比例提取专用基金，计入的科目有（    ）。
    A. 本年盈余分配  B. 专用基金
    C. 专用结余  D. 业务活动费用

12. 年末，事业单位应结转入"非财政拨款结余分配"科目的有（    ）。
    A. 专用结余  B. 非财政拨款结余
    C. 经营结余  D. 其他结余

### 三、判断题

1. 在财政授权支付方式下，单位下年度收到财政部门批复的上年末未下达零余额账户用款额度时，财务会计中借记"零余额账户用款额度"科目，贷记"财政应返还额度——财政授权支付"科目。（    ）

2. 事业单位对于因开展专业业务活动及其辅助活动取得的非同级财政拨款收入，应当通过"非同级财政拨款收入"科目核算。（    ）

3. 因发生会计差错等事项调整以前年度财政拨款结余资金的，单位按照调整的金额，在预算会计中借记或贷记"资金结存"等科目，贷记或借记"财政拨款结余——年初余额调整"科目。（    ）

4. "经营结余"科目，用于核算事业单位本年度经营活动收支相抵后余额以弥补以前年度经营亏损的余额。（    ）

5. "非财政拨款结余分配"科目，用于核算事业单位本年度非财政拨款结余分配的情况和结果。（    ）

6. 预算结余，是指政府会计主体预算年度内预算收入扣除预算支出后的资金余额，以及历年滚存的资金余额。（    ）

7. 累计盈余，用于核算事业单位历年实现的盈余扣除盈余分配后滚存的金额，以及因无偿调入调出资产产生的净资产变动额。（    ）

8. "以前年度盈余调整"是指单位本年度发生的调整以前年度盈余的事项，包括本年度发生的重要前期差错更正涉及调整以前年度盈余的事项。（    ）

9. 非财政拨款结余分配是指行政事业单位本年度非财政拨款结余分配的情况和结果。（    ）

10. 非财政拨款结余核算是单位除财政拨款收支、经营收支以外，各非同级财政拨款专项资金的调整、结转和滚存情况。（    ）

11. 资金结存就是指银行存款。（    ）

12. 如果本年度单位发生了因前期差错更正、会计政策变更等调整以前年度盈余的事项，还应当对"年初余额"或"本年数"栏中的有关项目金额进行相应调整。（    ）

13. 根据有关规定从收入中提取专用基金的，同时需要做财务会计和预算会计核算。（    ）

14. 事业单位持有的长期股权投资采用权益法核算时，需要进行财务会计与预算会计账务处理。（    ）

15. 期末，在将收入与费用结转至"本期盈余"时，不需要进行预算会计账务处理。（    ）

16. 在财政直接支付方式下，年末根据预算指标数与实际支出数的差额来确认财政拨款预算收入。（    ）

17. 在财务会计体系中，经财政部门批准对财政拨款结余资金改变用途，调整用于其他未完成项目支出的，按照批准调剂的金额，减少财政拨款结余的同时增加财政拨款结转。（    ）

18. "非财政拨款结转（项目间接费用或管理费）"的年末余额，表示事业单位按规定计提的项目间接费用或管理费的数额。（    ）

19. 在预算会计体系中，年末需要将"经营结余"科目余额转入"非财政拨款结余分配"科目。（    ）

20. 年末，行政事业单位要将"非财政拨款结余分配"科目余额转入"非财政拨款结余"科目。（    ）

## 四、业务题

1. 2020年6月，审计部门要求A事业单位退回2017年度违反规定多报销的劳务费40 000元。职工李某已经将该笔款项退回到单位的基本账户。2020年6月30日，A事业单位已经将该笔款项上缴财政。

要求：根据上述资料做出该单位的相关账务处理。

2. 2020年1月，当地财政部门要求收回A事业单位2019年的甲项目财政拨款结转资金1 000 000元，已完成的基建项目乙财政拨款结余资金500 000元，2020年1月20日，A事业单位使用2019年度财政直接支付额度归集上缴。

要求：根据上述资料做出该单位的相关账务处理。

3. 某事业单位于 2020 年 1 月 5 日收到代理银行转来的 25 000 元财政授权支付额度恢复到账通知书和上年度未下达零余额账户用款额度 50 000 元。

要求：根据上述资料做出该单位的相关账务处理。

4. 某事业单位 2020 年 11 月 17 日，从上级主管部门取得甲科研项目经费 100 000 元，单位按项目总经费 10% 提取间接费，其中 4% 用于补偿水电费支出，6% 作为科研发展基金，主要用于科技成果转化。

要求：根据上述资料做出该单位的相关账务处理。

5. 2020 年 1 月，某事业单位启动一项科研项目。当年收到上级主管部门拨付的非财政拨款专项资金 1 000 万元，为该项目发生事业支出 960 万元。2020 年 12 月项目结项，经上级主管部门批准，该项目的结余资金留归事业单位使用。

要求：根据上述资料做出该单位的相关账务处理。

## 五、案例分析题

甲单位为一家省级行政单位，按省财政厅要求执行中央级行政单位部门预算管理、政府采购等有关规定。2019 年 3 月，甲单位内部审计部门对该单位 2018 年度财政项目预算管理情况进行审计，重点关注了以下事项：

（1）"架空线路改造"项目经费预算 160 万元，项目资金于 2018 年 3 月全额下达至甲单位零余额账户。该项目于 2018 年 10 月执行完毕通过验收，并按合同完成结算，形成财政项目支出结余资金 3 万元。2018 年 12 月，甲单位直接将项目结余资金全部用于"架空线路改造"项目管理人员的培训支出。

（2）2018 年 3 月，甲单位组织代表团赴境外参加专项业务工作会议，发生各项出国费共计 18 万元，其中超预算支出 2 万元。甲单位将发生的出国费用超预算支出 2 万元，在 A 实验室建设专项经费的差旅费预算项目下列支。

（3）2018 年 4 月，甲单位收到以财政授权支付方式拨付的"业务办理大厅改造"项目经费 600 万元，项目实施周期为 2 年。甲单位按规定程序实施公开招标并于 2018 年 6 月同中标公司签订了 600 万元的施工合同。合同约定，工程款按施工进度支付。

2018 年 6 月至 12 月，甲单位根据该工程施工进度累计支付工程款 500 万元。2018 年末，经领导班子集体研究同意后，甲单位将该改造项目尚未列支的预算资金 100 万元作为结转资金处理。

问题：请问甲单位的处理正确吗？理由是什么？

（王荣林　周金玉）

# 第十五章　政府财务报告和决算报告

## 一、单项选择题

1. 反映单位本年财政拨款预算资金收入、支出及相关变动的具体情况的报表是（　　）。
   A. 预算结转结余变动表　　　　　　B. 预算收入支出表
   C. 财政拨款预算收入支出表　　　　D. 本期盈余与预算结余差异表

2. 反映单位在某一会计年度内预算结转结余的变动情况的报表是（　　）。
   A. 预算结转结余变动表　　　　　　B. 预算收入支出表
   C. 财政拨款预算收入支出表　　　　D. 本期盈余与预算结余差异表

3. 资产负债表"货币资金"项目，反映单位期末库存现金、银行存款、零余额账户用款额度、其他货币资金的合计数。本项目应当根据"库存现金""银行存款""零余额账户用款额度""其他货币资金"科目的期末余额的合计数填列；若单位存在通过"库存现金""银行存款"科目核算的受托代理资产，还应当按照前述合计数扣减"库存现金""银行存款"科目下（　　）明细科目的期末余额后的金额填列。
   A. "受托代理资产负债"　　　　　　B. "受托代理资产"
   C. "其他库存现金"　　　　　　　　D. "其他银行存款"

4. 财政拨款预算收入支出表中"调整年初财政拨款结转结余"栏中各项目，反映单位对年初财政拨款结转结余的调整金额。各项目应当根据"财政拨款结转""财政拨款结余"科目下（　　）明细科目及其所属明细科目的本年发生额填列；
   A. "财政拨款结转"　　　　　　　　B. "财政拨款结余"
   C. "年初余额调整"　　　　　　　　D. "非财政拨款结转结余"

5. 财政拨款预算收入支出表中"本年归集调入"栏中各项目，反映单位本年按规定从其他单位调入的财政拨款结转资金金额。各项目应当根据（　　）科目下"归集调入"明细科目及其所属明细科目的本年发生额填列。

A. "财政拨款结转" B. "财政拨款结余"

C. "年初余额调整" D. "非财政拨款结转结余"

6. "本年财政拨款收入"栏中各项目，反映单位本年从同级财政部门取得的各类财政预算拨款金额。各项目应当根据（　　）科目及其所属明细科目的本年发生额填列。

A. "全部预算收入" B. "财政拨款预算收入"

C. "事业收入" D. "上级补助收入"

7. "单位内部调剂"栏中各项目，反映单位本年财政拨款结转结余资金在单位内部不同项目之间的调剂金额。各项目应当根据"财政拨款结转"和"财政拨款结余"科目下的（　　）明细科目及其所属明细科目的本年发生额填列。

A. "归集调入" B. "归集上缴"

C. "年初余额调整" D. "单位内部调剂"

8. 流动比率，反映政府利用（　　）偿还短期债务的能力。

A. 货币资金 B. 流动资产

C. 资金结存 D. 结余结转资金

9. 专项债务率，反映地方政府动用（　　）满足偿债需求的能力。

A. 政府性基金预算可偿债能力 B. 一般公共预算可偿债能力

C. 流动资产 D. 货币资金

10. 税收收入比重，反映政府收入的稳定性及质量，是指（　　）占年度收入总额的比例。

A. 年底总收入扣除非税收入 B. 年度决算收入

C. 年度税收收入 D. 年度预算收入

## 二、多项选择题

1. 政府部门财务报告应当包括（　　）。

A. 会计报表 B. 报表附注

C. 财务分析 D. 预算绩效评价

E. 单位内部控制管理情况

2. 政府部门财务报表附注重点是对财务报表做进一步解释说明，一般应当按照下列顺序披露：（　　）。

A. 报表的编制基础、遵循政府会计准则和会计制度的声明

B. 报表涵盖的主体范围

C. 重要会计政策和会计估计

D. 报表中重要项目的明细资料和进一步说明

E. 或有和承诺事项、资产负债表日后重大事项的说明

F. 部门及所属单位代表政府管理的有关经济业务或事项的说明,包括政府储备资产、公共基础设施、保障性住房等和需要说明的其他事项

3. 政府部门财务分析,主要包括（    ）。

A. 资产负债状况分析

B. 部门财务运行情况分析

C. 相关指标变化情况及趋势分析

D. 政府部门财务管理方面采取的主要措施和取得的成效

E. 资金使用效率分析

4. 政府综合财务报告应当包括（    ）等。

A. 会计报表                B. 报表附注
C. 财政经济分析            D. 政府财政财务管理情况政府部门
E. 政府财政资金使用效率分析

5. 政府综合财务报告中的会计报表包括（    ）。

A. 资产负债表              B. 收入费用表
C. 现金流量表              D. 当期盈余与预算节余差异表
E. 净资产变动表

6. 政府财政经济分析应当包括（    ）。

A. 财务状况分析            B. 运行情况分析
C. 财政中长期可持续性分析  D. 预算绩效管理情况分析

7. 政府财务状况分析主要包括:资产方面,重点分析政府资产的构成及分布,对于货币资产、政府对外投资、政府储备资产、公共基础设施、保障性住房等重要项目,分析（    ）以及对于（    ）和（    ）的影响。负债方面,重点分析（    ），通过政府资产负债率、债务率等指标,分析政府当期及（    ）未来情况。

A. 各资产比重变化趋势      B. 公共服务能力
C. 政府偿债能力            D. 债务结构以及发展趋势
E. 政府债务规模大小        F. 中长期债务风险

8. 政府运行情况分析主要包括:收入方面,重点分析政府收入（    ）分布、重点收入项目的（    ），特别是（    ）、相关行业发展、税收政策、非税收入政策等对政府收入变动的影响。费用方面,重点按照经济分类分析（    ），特别是（    ）对政府费用变动的影响,通过政府（    ）等指标,分析政府运行效率。

A. 规模、结构及来源        B. 比重及变化趋势

C. 宏观经济运行 D. 政府投融资情况
E. 政府费用规模及构成 F. 收入费用率

9. 财政中长期可持续性分析主要包括：基于当前政府财政财务状况和运行情况，结合本地区（　　）、（　　）、财政体制、（　　）、社会保障政策等，全面分析政府未来（　　）变化趋势，预测（　　）占（　　）比重等。

A. 经济形势 B. 重点产业发展趋势
C. 财税政策 D. 财政收支缺口以及相关负债
E. 中长期收入支出 F. GDP

10. 政府决算报表即预算会计报表，包括（　　）。

A. 预算收入支出表 B. 预算结转结余变动表
C. 当期盈余与预算节余差异表 D. 财政拨款预算收入支出表
E. 净资产变动表

11. 决算报告中反映的相关信息和资料是对在会计报表中列示的项目所做的进一步说明，以及对未能在会计报表中列示项目的说明。凡对报表使用者的决策有重要影响的会计信息，不论本制度是否有明确规定，单位均应当充分披露。它主要包括（　　）等。

A. 单位的基本情况 B. 单位主要职能
C. 主要业务活动 D. 所在地
E. 预算管理关系 F. 预算执行信息

12. 编制政府综合财务报告，政府财政部门应当以（　　）等为基础编制政府综合财务报表。

A. 财政总预算会计报表 B. 农业综合开发资金会计报表
C. 部门财务报表 D. 土地储备资金财务报表
E. 物资储备资金会计报表

13. 政府部门财务分析应当基于财务报表所反映的信息，并紧密结合政府部门（　　）合同管理、建设项目管理等要求。

A. 职能履行 B. 预算管理
C. 收支管理 D. 资产管理
E. 采购管理 F. 绩效管理

14. 政府部门每月编制的会计报表包括（　　）。

A. 资产负债表 B. 收入费用表
C. 现金流量表 D. 当期盈余与预算节余差异表
E. 净资产变动表

15. 政府部门年度编制的会计报表包括（　　）。
    A. 资产负债表　　　　　　　　　　B. 收入费用表
    C. 现金流量表　　　　　　　　　　D. 当期盈余与预算节余差异表
    E. 净资产变动表

16. 政府部门既要编制月度会计报表，又要编制年度会计报表，包括（　　）。
    A. 资产负债表　　　　　　　　　　B. 收入费用表
    C. 现金流量表　　　　　　　　　　D. 当期盈余与预算节余差异表
    E. 净资产变动表

17. "应收账款净额"项目，反映单位期末尚未收回的应收账款减去已计提的坏账准备后的净额。本项目应当根据（　　）科目的期末余额，减去（　　）科目期末余额后的金额填列。
    A. "应收账款"　　　　　　　　　　B. "坏账准备"
    C. "坏账准备——应收账款"　　　　D. 其他应收款
    E. "坏账准备——其他应收账款"

18. "存货"项目，反映单位期末存储的存货的实际成本。本项目应当根据（　　）科目期末余额的合计数填列。
    A. "在途物品"　　　　　　　　　　B. "库存物品"
    C. "加工物品"　　　　　　　　　　D. "预付账款"
    E. 政府储备物资

19. 资产负债表"受托代理资产"项目，反映单位期末受托代理资产的价值。本项目应当根据（　　）科目的期末余额与（　　）科目下（　　）明细科目的期末余额的合计数填列。
    A. "受托代理资产"　　　　　　　　B. "库存现金"
    C. "银行存款"　　　　　　　　　　D. "受托代理负债"
    E. "资金结存"

20. 资产负债表"非流动负债合计"项目，反映单位期末非流动负债合计数。本项目应当根据本表中（　　）项目金额的合计数填列。
    A. "长期借款"　　　　　　　　　　B. "长期应付款"
    C. "预计负债"　　　　　　　　　　D. "受托代理负债"
    E. 其他非流动负债

21. "上级补助收入"项目，反映事业单位本期（　　）和（　　）的非财政拨款收入。本项目应当根据"上级补助收入"科目的本期发生额填列。
    A. 从主管部门收到　　　　　　　　B. 上级单位收到

C. 从主管部门应收 D. 上级单位应收

E. 同级非财政收入

22. "单位管理费用"项目，反映事业单位本期本级行政及后勤管理部门开展管理活动发生的各项费用，以及由单位统一负担的（　　）等。本项目应当根据"单位管理费用"科目的本期发生额填列。

A. 离退休人员经费 B. 工会经费

C. 诉讼费 D. 中介费

E. 其他费用

23. "其他资金结转结余"项目，反映单位本年其他资金结转结余的年初余额。本项目应当根据（　　）科目本年年初余额的合计数填列。

A. "非财政拨款结转" B. "非财政拨款结余"

C. "专用结余" D. "经营结余"

E. "其他结余"

24. 现金流量表应当按照（　　）的现金流量分别反映。

A. 日常活动 B. 投资活动

C. 筹资活动 D. 财政结转结余

E. 非财政结转结余

25. "本年预算收入"项目，反映单位本年预算收入总额。本项目应当根据本表中（　　）"附属单位上缴预算收入"（　　）"债务预算收入""非同级财政拨款预算收入"（　　）"其他预算收入"项目金额的合计数填列。

A. "财政拨款预算收入" B. "事业预算收入"

C. "上级补助预算收入" D. "经营预算收入"

E. "投资预算收益"

26. "本年预算支出"项目，反映单位本年预算支出总额。本项目应当根据本表中（　　）"经营支出""上缴上级支出""对附属单位补助支出"（　　）和（　　）项目金额的合计数填列。

A. "行政支出" B. "事业支出"

C. "投资支出" D. "债务还本支出"

E. "其他支出"

27. 事业单位提取的专用基金可以从（　　）中提取。

A. 预算收入 B. 预算结余

C. 事业收入 D. 上级补助收入

E. 全部预算收入

28. 预算结转结余变动表中，年末预算结转结余的"其他资金结转结余"项目，反映单位本年其他资金结转结余的年末余额。本项目应当根据本项目下（　　）项目金额的合计数填列。

　　A."非财政拨款结转"　　　　　　B."非财政拨款结余"
　　C."年初余额调整"　　　　　　　D."专用结余"
　　E."经营结余"

29. 预算结转结余变动表中，本年变动金额的"其他资金结转结余"项目，反映单位本年其他资金结转结余的本期发生额。本项目应当根据本项目下（　　）项目金额的合计数填列。

　　A."本年收支差额"　　　　　　　B."缴回资金"
　　C."使用专用结余"　　　　　　　D."支付所得税"
　　E."归集调入"

30. 预算结转结余变动表中，本年变动金额的"财政拨款结转结余"项目，反映单位本年其他资金结转结余的本期发生额。本项目应当根据本项目下（　　）项目金额的合计数填列。

　　A."本年收支差额"　　　　　　　B."归集上缴或调出"
　　C."使用专用结余"　　　　　　　D."支付所得税"
　　E."归集调入"

31. 预算结转结余变动表中，年末预算结转结余的"财政拨款结转结余"项目，反映单位本年财政拨款结转结余的年末余额。本项目应当根据本项目下（　　）项目金额的合计数填列。

　　A."财政拨款结转"　　　　　　　B."财政拨款结余"
　　C."年初余额调整"　　　　　　　D."专用结余"
　　E."经营结余"

32. 财政拨款预算收入支出表中"年初财政拨款结转结余"栏中各项目，反映单位年初各项财政拨款结转结余的金额。各项目应当根据（　　）科目及其明细科目的年初余额填列。

　　A."财政拨款结转"　　　　　　　B."财政拨款结余"
　　C."年初余额调整"　　　　　　　D."非财政拨款结转"
　　E."非财政拨款结余"

33. 财政拨款预算收入支出表中"本年归集上缴或调出"栏中各项目，反映单位本年按规定实际上缴的财政拨款结转结余资金，及按照规定向其他单位调出的财政拨款结转资金金额。各项目应当根据（　　）科目下（　　）科目和"财政拨款结转"科目下（    ）明细科目，及其所属明细科目的本年发生额填列。

A．"财政拨款结转"　　　　　　B．"财政拨款结余"

C．"归集上缴"　　　　　　　　D．"归集调出"

E．"归集调入"

34．"本年财政拨款支出"栏中各项目，反映单位本年发生的财政拨款支出金额。各项目应当根据（    ）等科目及其所属明细科目本年发生额中的财政拨款支出数的合计数填列。

A．"行政支出"　　　　　　　　B．"事业支出"

C．"单位管理费用"　　　　　　D．"业务活动费用"

E．"其他支出"

35．附注的主要内容包括（    ）。

A．单位的基本情况　　　　　　B．会计报表编制基础

C．遵循政府会计准则、制度的声明　　D．重要会计政策和会计估计

E．其他说明情况

36．单位的基本情况，是单位应当简要披露的基本情况，包括（    ）等。

A．单位主要职能　　　　　　　B．主要业务活动

C．所在地　　　　　　　　　　D．预算管理关系

E．财务管理情况

37．重要会计政策和会计估计，主要包括（    ）等。

A．会计期间

B．记账本币、外币折算汇率

C．坏账准备的计提方法

D．存货类别、发出存货的计价方法、存货的盘存制度

E．固定资产分类、折旧方法、折旧年限和年折旧率

38．为了反映单位财务会计和预算会计因核算基础和核算范围不同所产生的本年盈余数与本年预算结余数之间的差异，对于重要事项应当增加"当期确认为收入但没有确认为预算收入"的项目，其中包括（    ）。

A．应收款项确认的收入　　　　B．预收账款确认的收入

C．接受非货币性资产捐赠确认的收入　　D．其他收入

E．经营收入

39．为了反映单位财务会计和预算会计因核算基础和核算范围不同所产生的本年盈余数与本年预算结余数之间的差异，对于重要事项应当增加"当期确认为预算支出但没有确认为费用"的项目，其中包括（    ）。

A. 应收款项确认的收入　　　　　B. 预收账款确认的收入

C. 接受非货币性资产捐赠确认的收入　　D. 其他收入

E. 经营收入

40. 财政拨款预算收入支出表中的横向列表中的应当包含的项目有：年初财政拨款结转结余、调整年初财政拨款结转结余、（　　）、本年财政结转拨款支出和年末财政拨款结转结余等项目。

A. 本年归集收入　　　　　　　　B. 本年归集上缴或调出

C. 单位内部调剂　　　　　　　　D. 本年财政拨款收入

E. 非同级财政拨款收入

41. 当期确认为预算支出但没有确认为费用的项目有（　　）。

A. 支付应付款项、预付账款的支出

B. 为取得存货、政府储备物资等计入物资成本的支出

C. 为购建固定资产等的资本性支出

D. 偿还借款本息支出

E. 退回预收账款

42. 当期确认为预算收入但没有确认为收入的项目有（　　）。

A. 收到应收款项、预收账款确认的预算收入

B. 取得借款确认的预算收入

C. 取得开展业务活动的收入

D. 取得科研成果转化的收入

E. 取得非货币性资产捐赠的收入

43. 当期确认为费用但没有确认为预算支出的有（　　）。

A. 发出存货、政府储备物资等确认的费用

B. 计提的折旧费用和摊销费用

C. 确认的资产处置费用（处置资产价值）

D. 应付款项、预付账款确认的费用

E. 无偿调拨净资产

44. 在部门财务报告中需要注明的其他重要事项说明有：资产负债表日存在的重要或有事项说明，没有重要或有事项的也应说明。（　　）以及政府会计具体准则中要求附注披露的其他内容和有助于理解和分析单位财务报表需要说明的其他事项。

A. 以名义金额计量的资产名称、数量等情况，以及以名义金额计量理由的说明。

B. 通过债务资金形成的固定资产、公共基础设施、保障性住房等资产的账面价值、使用情况、收益情况及与此相关的债务偿还情况等的说明。

C. 重要资产置换、无偿调入（出）、捐入（出）、报废、重大毁损等情况的说明。

D. 事业单位将单位内部独立核算单位的会计信息纳入本单位财务报表情况的说明。

E. 单位被没收的罚款。

45. 政府部门财务分析主要包括（　　）。

   A. 政府部门基本情况介绍

   B. 政府部门资产负债状况分析

   C. 政府部门运行情况分析

   D. 部门加强财务管理的主要措施和取得成效

   E. 部门中长期发展规划

46. 政府部门基本情况主要包括部门（　　）等。

   A. 基本职能  B. 机构设置

   C. 年度工作目标计划及执行情况  D. 绩效目标及完成情况

   E. 部门中长期发展规划

47. 政府部门可采取（　　）等方法进行财务分析。

   A. 比率分析法  B. 比较分析法

   C. 结构分析法  D. 趋势分析法

   E. 对比分析法

48. 政府综合财务报告包括（　　）。

   A. 财务报表  B. 政府财政经济分析

   C. 政府财政财务管理  D. 政府中长期发展规划

   E. GDP 综合分析

49. 政府综合财务报告中的会计报表包括（　　）。

   A. 资产负债表  B. 收入费用表

   C. 当期盈余与预算结余差异表  D. 净资产变动表

   E. 现金流量表

50. 政府财政经济分析，是以财务报表为依据，结合（　　），对（　　）以及（　　）等内容进行分析。

   A. 国民经济形势  B. 政府财务状况

   C. 运行情况  D. 财政中长期可持续性

   E. GDP 情况

51. 政府财政财务管理情况，主要反映（　　）的政策要求、（　　）和（　　）等。

   A. 国民经济形势  B. 政府财政财务管理

C. 运行情况　　　　　　　　　　D. 主要措施

E. 取得成效

52. 当期盈余与预算结余差异表中的当期预算结余，反映按现行会计制度规定核算的政府本期总收入减去总支出的差额，包括（　　）当期预算结余和（　　）当期预算结余等。

   A. 政府财政　　　　　　　　　　B. 政府部门

   C. 行政区财政本级　　　　　　　D. 行政区财政

   E. 行政事业单位

53. 当期盈余与预算结余差异表中的日常活动产生的差异，包括（　　）等。

   A. 因安排和动用预算稳定调节基金

   B. 购买商品和服务发生预付账款、应付账款

   C. 当期领用存货及政府储备资产

   D. 当期折旧费

   E. 当期摊销费用

54. 可偿债财力等于综合财力扣除用于保障（　　）等刚性支出后的财力。

   A. 人员工资　　　　　　　　　　B. 机关运转

   C. 民生支出　　　　　　　　　　D. 水电费

   E. 基本业务费

## 三、判断题

1. 政府综合财务报告反映政府整体财务状况、运行情况，是指政府财政部门将各部门和其他纳入财务报表合并范围的各主体的财务报表进行合并汇总，并以合并汇总的结果反映的政府整体财务状况和运行情况。　　　　　　　　　　（　　）

2. 政府财务报告是以收付实现制和权责发生制双基础编制，包括政府部门财务报告和政府综合财务报告。　　　　　　　　　　　　　　　　　　　　（　　）

3. 当期盈余与预算结余差异表，是反映政府主体权责发生制基础下财务会计当期盈余与收付实现制下预算会计的预算结余之间的差异，是由于双方的记账时间不一致导致的，调整后应当保持一致。　　　　　　　　　　　　　　　　（　　）

4. 政府决算报告是以收付实现制为基础编制，综合反映政府会计主体年度预算收支执行结果的文件。　　　　　　　　　　　　　　　　　　　　　　（　　）

5. 政府财务报告和决算报告应当以人民币作为报告币种。采用外币计量的项目，应当将有关外币金额折算为人民币金额计量。　　　　　　　　　　　　（　　）

6. 政府各部门应当对所属各单位的财务报表进行整合，合并编制本部门财务报表。

编制合并财务报表时，对部门内部单位之间发生的经济业务或事项应当经过确认后抵销，并编制抵销分录，在此基础上分项合并财务报表项目。（    ）

7. 政府各部门使用的会计政策、会计估计一经确定，不得随意变更；因特殊情形发生较大变更的，应当报上级主管部门批准。（    ）

8. 政府部门财务分析应当基于财务报表所反映的信息，并紧密结合政府部门职能履行、预算管理、资产负债管理和绩效管理等要求进行。（    ）

9. 编制政府综合财务报告时，会计账簿相关数据不符合权责发生制原则的，应当提取数据后按照相关报告标准进行调整，数据调整应当符合重要性原则，并编制调整分录。（    ）

10. 编制本级政府综合财务报表时，经确认后，应当对上述被合并报表之间的经济业务或事项进行抵销，并编制抵销分录，在此基础上分项加总财务报表项目。（    ）

11. 县级以上政府财政部门要汇总本级政府综合财务报表和下级政府综合财务报表，编制本行政区政府综合财务报表。（    ）

12. 政府财政经济分析应当基于财务报表所反映的信息，结合经济形势状况和趋势、财政管理政策措施，对政府整体财务情况进行综合性分析。（    ）

13. 政府决算各报表之间、报表各项目之间，凡有对应关系的数字，应当相互一致；报表中本期与上期有关的数字应当衔接。（    ）

14. 政府部门财务分析应当基于财务报表所反映的信息，并紧密结合政府部门职能履行、预算管理、资产负债管理和绩效管理等要求进行。（    ）

15. 如果本年度单位发生了因前期差错更正、会计政策变更等调整以前年度盈余的事项，还应当对"年初余额"栏中的有关项目金额进行相应调整。（    ）

16. 资产负债表"研发支出"项目，反映单位期末正在进行的无形资产开发项目开发阶段发生的累计支出数。本项目应当根据"研发支出"科目的期末余额填列。（    ）

17. 资产负债表"权益法调整"项目，反映事业单位期末在被投资单位的投资所有者权益变动中累积享有的份额。本项目应当根据"权益法调整"科目的期末余额填列。（    ）

18. "本期盈余"项目，反映单位本年度截至年末实现的累计盈余或亏损。本项目仅在月度报表中列示，年度报表中不列示。月度报表中本项目应当根据"本期盈余"科目的期末余额填列；"本期盈余"科目期末为借方余额时，以"-"号填列。（    ）

19. 收入费用表是反映单位在某一会计期间内发生的收入、费用及当期盈余情况。（    ）

20. "财政拨款收入"项目,反映单位本期从同级政府财政部门取得的各类财政拨款。本项目应当根据"财政拨款收入"科目的本期发生额填列。（　　）

21. "政府性基金收入"项目,反映单位本期取得的财政拨款收入中属于政府性基金预算拨款的金额。本项目应当根据"财政拨款收入"相关明细科目余额填列。
（　　）

22. "事业收入"项目,反映事业单位本期开展专业业务活动及其辅助活动实现的收入,包括事业单位因开展科研及其辅助活动从非同级财政部门取得的经费拨款。本项目应当根据"事业收入"科目的本期发生额填列。（　　）

23. "非同级财政拨款收入"项目,反映单位本期从非同级政府财政部门取得的财政拨款,包括事业单位因开展科研及其辅助活动从非同级财政部门取得的经费拨款。本项目应当根据"非同级财政拨款收入"科目的本期发生额填列。（　　）

24. "业务活动费用"项目,反映单位本期为实现其职能目标,依法履职或开展专业业务活动及其辅助活动所发生的各项费用。本项目应当根据"业务活动费用"科目本期发生额填列。（　　）

25. "经营费用"项目,反映事业单位本期在专业业务活动及其辅助活动之外开展独立核算经营活动时发生的各项费用。本项目应当根据"经营费用"科目的本期发生额填列。（　　）

26. 现金流量表是反映单位在某一会计年度内现金流入和流出的信息。本表所指的现金,是指单位的库存现金以及其他可以随时用于支付的款项,包括库存现金、可以随时用于支付的银行存款、其他货币资金、零余额账户用款额度、财政应返还额度,以及通过财政直接支付方式支付的款项。（　　）

27. 预算收入支出表是反映单位在某一会计期间内各项预算收入、预算支出和预算收支差额的情况。（　　）

28. "经营预算收入"项目,反映事业单位本年在专业业务活动及其辅助活动之外开展的非独立核算经营活动时取得的预算收入。本项目应当根据"经营预算收入"科目的本年发生额填列。（　　）

29. 财政拨款预算收入支出表反映单位本年财政拨款预算资金收入、支出及相关变动的具体情况。（　　）

30. 附注是对在会计报表中列示的项目所做的进一步说明,以及对未能在会计报表中列示项目的说明。附注是财务报表的重要组成部分。凡对报表使用者的决策有重要影响的会计信息,不论本制度是否有明确规定,单位均应充分披露。（　　）

31. 单位可以根据单位的实际业务特点,采用与其业务特点相适应的具体会计政策,并充分披露报告期内采用的重要会计政策和会计估计。（　　）

32. 年末在报告中应当披露本期发生的重要会计政策和会计估计变更，需要注明变更的内容和原因、受其重要影响的报表项目名称和金额、相关审批程序，以及会计估计变更开始适用的时点。（　　）

33. 会计报表重要项目说明中，单位应当按照资产负债表和收入费用表项目列示顺序，采用文字和数据描述相结合的方式披露重要项目的明细信息。报表重要项目的明细金额合计，应当与报表项目金额相衔接。（　　）

34. 在部门财务报告中需要注明的其他重要事项说明有：资产负债表日存在的重要或有事项说明，没有重要或有事项的也应说明。（　　）

35. 在部门财务报告中需要注明的其他重要事项说明应当包括，对通过债务资金形成的固定资产、公共基础设施、保障性住房等资产的账面价值、使用情况、收益情况及与此相关的债务偿还情况等的说明。（　　）

36. 政府部门资产负债状况分析，要结合政府部门职能、工作任务、相关政策要求等，对货币资金、固定资产、政府储备资产、公共基础设施等重要资产项目的结构特点和变化情况进行分析，并评估其对政府部门提供公共服务能力的影响。
（　　）

37. 政府部门资产负债状况分析，结合短期借款、长期借款等重点负债项目的增减变化情况，分析政府部门债务规模和债务结构等，不需要分析偿债能力。（　　）

38. 政府部门资产负债状况分析，要运用资产负债率、现金比率、流动比率等指标，分析评估政府部门当期及未来中长期财务风险及可控程度、需要采取的措施等。
（　　）

39. 政府部门运行情况分析，要分析政府部门的收入规模、结构及来源分布、重点收入项目的比重和变化趋势，以及经济形势、相关财政政策等对政府部门收入变动的影响等。（　　）

40. 政府部门运行情况分析，要分析政府部门费用规模、构成及变化情况，特别是政府部门控制行政成本的政策、投融资情况及对费用变动的影响等。（　　）

41. 政府部门运行情况分析，要运用政府部门的收入费用率等指标，分析政府部门收入用于支付费用的比例情况以及政府部门的财务管理情况，更多关注政府投入的资金进度和费用完成的程度。（　　）

42. 政府部门运行情况分析，要从部门预算划拨执行力、资产到位率、绩效达标情况等方面反映部门加强财务管理的主要措施和取得的成效。（　　）

43. 资产负债率，用"资产总额/负债总额"表示，是反映政府部门偿付全部债务本息能力的基本指标。（　　）

44. 收入费用率，用"总费用/年度总收入"表示，反映政府部门收入用于支付费用

的比例情况。（　　）

45. 现金比率，用"货币资金/流动负债"表示，反映政府部门利用现金及现金等价物偿还短期债务的能力。（　　）

46. 流动比率，用"流动资产/流动负债"表示，反映政府部门流动资产用于偿还流动负债的能力。（　　）

47. 固定资产成新率，用"固定资产净值/固定资产原值"表示，反映固定资产的新旧程度、使用状态等。（　　）

48. 公共基础设施成新率，是公共基础设施净值/公共基础设施原值，反映公共基础设施的新旧程度、使用状态等。（　　）

49. 政府综合财务报告是以权责发生制和收付实现制为基础，主要反映政府整体财务状况、运行情况和财政中长期可持续性等信息，内容包括财务报表、政府财政经济分析和政府财政财务管理情况。（　　）

50. 当期盈余与预算结余差异表，反映政府整体在权责发生制基础上的当期盈余与现行会计制度下当期预算结余之间的差异。（　　）

51. 政府综合财务报告的报表附注，重点是对会计报表涵盖的主体范围、重要会计政策和会计估计、会计报表中的重要项目、或有和承诺事项及未在报表中列示的重大项目等所做的进一步解释说明。（　　）

52. 政府综合财务报告中的政府间转移性收入，反映政府本期取得的来自非同级政府和不同地区同级政府的款项。（　　）

53. 政府综合财务报告中的政府间转移性支出，反映政府本期提供给非同级政府和不同地区同级政府的款项。（　　）

54. 政府综合财务报告中的日常活动产生的差异，反映政府本期按照权责发生制原则，对日常活动经济事项产生的收入和费用调整后，导致当期盈余和预算结余的差异。（　　）

55. 政府预算管理情况，主要反映政府预算编制管理、预算执行管理方面的政策要求、主要措施和取得的成效。（　　）

## 四、业务题

1. A部门会计报表"其他应收款"明细信息显示，A部门应收B部门款项850万元；B部门会计报表"其他应付款"明细信息显示，B部门应付A部门款项850万元。经确认无误后，编制抵销分录。

2. B部门财务报表中，来自同级A部门的事业收入9 500万元，A部门支付给同级B部门的商品和服务费用9 500万元，经确认无误后，编制抵销分录。

3. 政府部门财务报表中财政应返还额度 15 000 万元，物资储备资金会计报表中的财政预算额度 1 000 万元，财政总预算会计报表中应付国库集中支付结余 16 000 万元，经确认无误后，编制抵销分录。

4. 政府部门财务报表中财政拨款收入 5 200 万元，土地储备资金财务报表中财政拨款收入 4 500 万元，其中一般公共预算安排 5 200 万元，政府性基金预算安排 4 500 万元。经确认无误后，编制抵销分录。

5. 财政总预算会计报表中财政专户管理资金支出 7 800 万元，政府部门财务报表中事业收入来自财政专户的资金 7 800 万元，经确认无误后，编制抵销分录。

6. 财政总预算会计报表借出款项中属于向 C 部门借出的金额为 690 万元，C 部门会计报表中的其他应付款 690 万元，经确认无误后，编制抵销分录。

7. 财政总预算会计报表中预拨经费 350 万元，政府部门财务报表中的其他应付款 350 万元，经确认无误后，编制抵销分录。

8. 财政总预算会计报表专用基金收入中，由一般公共预算本级支出安排的部分为 25 600 万元，经确认无误后，编制抵销分录。

9. 财政总预算会计报表中调入资金、调出资金均为 20 100 万元，经确认无误后，编制抵销分录。

10. 财政总预算会计报表中应付预算单位代管资金为 97 500 万元，编制调整分录。

11. 财政总预算会计报表专用基金收入中不属于一般公共预算本级支出安排的部分为 420 万元，编制调整分录。

12. 财政总预算会计报表中国有资本经营预算本级收入 33 000 万元，编制调整分录。

13. 财政总预算会计报表中动用预算稳定调节基金 10 000 万元，安排预算稳定调节基金 20 000 万元，编制调整分录。

14. 财政总预算会计报表中债务还本支出 3 600 万元，债务转贷支出 22 000 万元，编制调整分录。

15. 财政总预算会计报表中，一般公共预算安排用于投资基金股权投资的支出 50 000 万元，编制调整分录。

16. 财政总预算会计报表一般公共预算本级支出中直接列支的对企事业单位的补贴支出 9 372 万元，编制调整分录。

17. 财政总预算会计报表专用基金支出中用于企事业单位的补贴支出 19 800 万元，对个人和家庭的补助支出 5 300 万元，编制调整分录。

18. 某政府的国有企业财务会计决算报表上列示的国有企业所有者权益年末数为 400 000 万元，国有权益比重为 60%；国有企业当年综合收益为 100 000 万元，应付股利为 20 000 万元。编制调整分录。

19. 某投资基金年末会计报表中净利润为 5 000 万元,政府财政投资比例为 15%,编制调整分录。

20. 土地储备资金财务报表中交付项目支出 15 000 万元,编制调整分录。

(陆志平)

# 参考答案

## 第一章 总论

一、单项选择题

1. B  2. A  3. C  4. B  5. C  6. C  7. B  8. D  9. B  10. A  11. C  12. A  13. B  14. A  15. A  16. A

二、多项选择题

1. AC  2. AB  3. ABCD  4. BD  5. ABD  6. CD  7. ACD  8. ABC  9. ABCDE  10. ABC  11. DE  12. BCDE  13. ABCE  14. ABCD  15. ABC  16. ABCDF  17. CE  18. ABCE  19. ABCE  20. ABCE  21. ACE  22. ABE  23. AC  24. ABC  25. ABDE  26. AB  27. ABCD  28. ABC

三、判断题

1. ×  2. √  3. √  4. ×  5. ×  6. √  7. √  8. ×  9. ×  10. √  11. √  12. √  13. √  14. √  15. ×  16. ×  17. ×  18. ×  19. ×  20. ×  21. √  22. √  23. √  24. √  25. √  26. ×

## 第二章 货币资金与应收款项

一、单项选择题

1. C  2. B  3. B  4. D  5. C  6. D  7. C  8. B  9. C  10. A  11. B  12. C  13. D  14. A  15. B  16. C  17. A  18. D  19. C  20. B

二、多项选择题

1. ABCD  2. ABCD  3. ABD  4. ABDE  5. ACDE  6. ABDE  7. BCD  8. ABCE  9. BD  10. ABC  11. ABCD

三、判断题

1—5：×××××。 6—10：√√××√。

四、业务题

1. 答案：（1）2022 年 1 月 5 日，提取现金时：

财务会计账务处理为：借：库存现金　　　　　　　　　　　1 000
　　　　　　　　　　　贷：零余额账户用款额度　　　　　　1 000

预算会计账务处理为：借：资金结存——货币资金　　　　　1 000
　　　　　　　　　　　贷：资金结存——零余额账户用款额度　1 000

（2）2022 年 1 月 6 日，以库存现金支付费用时：

财务会计账务处理为：借：业务活动费用　　　　　　　　　200
　　　　　　　　　　　贷：库存现金　　　　　　　　　　　200

预算会计账务处理为：借：行政支出　　　　　　　　　　　200
　　　　　　　　　　　贷：资金结存——货币资金　　　　　200

2. 答案：（1）2022 年 1 月 15 日，取得银行汇票时：

财务会计账务处理为：借：其他货币资金——银行汇票　　　5 000
　　　　　　　　　　　贷：银行存款　　　　　　　　　　　5 000

预算会计不需要做账务处理。

（2）2022 年 1 月 20 日，使用银行汇票购买物品时：

财务会计账务处理为：借：库存物品　　　　　　　　　　　5 000
　　　　　　　　　　　贷：其他货币资金——银行汇票　　　5 000

预算会计账务处理为：借：事业支出　　　　　　　　　　　5 000
　　　　　　　　　　　贷：资金结存——货币资金　　　　　5 000

3. 银行存款余额调节表

2022 年 1 月 31 日

| 项目 | 金额 | 项目 | 金额 |
| --- | --- | --- | --- |
| 银行存款日记账余额 | 104 000 | 银行对账单余额 | 100 000 |
| 加：银行已收，单位未收 | 12 000 | 加：单位已收，银行未收 | 15 000 |
| 减：银行已付，单位未付 | 2 000 | 减：单位已付，银行未付 | 1 000 |
| 调节后的存款余额 | 114 000 | 调节后的存款余额 | 114 000 |

五、案例分析题

小李对其在 2021 年 9 月 11 日和 13 日两天的现金清查结果的处理方法都是错误的。他的处理方法的直接后果可能会掩盖该部分在现金管理与核算中存在的诸多问题，有时可能会是重大的经济问题。因此，凡是出现账实不符的情况时，必须按照有关的会计规定进行处理。按照规定，对于现金清查中发现的账实不符，即现金溢缺情况，首先应通过"待处理财产损溢"科目进行核算,过后,再查明溢余及短缺的原因,分别进行相应的账务处理。

正确的处理方法是：先将现金清查中发现溢余的现金,按照溢余的金额,进行平行账务处理,财务会计上借记"库存现金"科目、贷记"待处理财产损溢"科目,预算会计上借记"资金结存——货币资金"科目、贷记"其他预算收入"科目,待查明原因后按如下要求进行平行账务处理：属于应支付给有关人员或单位的,财务会计上应借记"待处理财产损溢"科目、贷记"其他应付款"科目,预算会计上应做借"其他预算收入"、贷"资金结存——货币资金"处理；属于无法查明原因的现金溢余,经批准后,财务会计上应借记"待处理财产损溢"科目、贷记"其他收入"科目,预算会计上不做账。现金清查中发现短缺的现金,应按短缺的金额,做平行账务处理,财务会计上应借记"待处理财产损溢"科目、贷记"库存现金"科目,预算会计做借记"其他支出"、贷记"资金结存——货币资金"处理。待查明原因后,按如下要求进行平行账务处理：属于应由责任人赔偿的部分,财务会计上应借记"其他应收款"或"库存现金"等科目、贷记"待处理财产损溢"科目,预算会计上应借记"资金结存——货币资金"科目、贷记"其他支出"科目；属于无法查明原因的部分,经批准后平行处理为,财务会计上应借记"资产处置费用"科目、贷记"待处理财产损溢"科目,预算会计不做账务处理。

## 第三章 存货

一、单项选择题

1—5：ADCAD。　　6—10：BABCB。　　11—15：BACBC。　　16—20：DCBDD。

二、多项选择题

1—5：ABD ABCD ABCD ABCD AB。　　6—10：CD AD ABC ABD ABC。

三、判断题

1—5：×√√√√。　　6—10：××√××。

四、业务题

1. 答案：(1) 购入材料时,涉及的平行账务处理为：

财务会计：借：在途物品　　　　　　　　　　　　　　　　　　　　　　3 000

　　　　　　　应交增值税——进项税额（增值税一般纳税人课抵扣税额）　390

　　　　　贷：零余额账户用款额度　　　　　　　　　　　　　　　　　3 390

预算会计：借：行政支出　　　　　　　　　　　　　　　　　　　　　　3 390

　　　　　贷：资金结存——零余额账户用款额度　　　　　　　　　　3 390

(2) 材料到达并验收入库时：

财务会计账务处理为：借：库存物品　　　　　　　　　　　　　　　　3 000

     贷：在途物品  3 000

预算会计：不做账务处理

2. 答案：（1）发给外单位加工材料时：

财务会计：借：加工物品——委托加工物品  40 000

     贷：库存物品  40 000

预算会计：不做账务处理

（2）向加工单位支付加工费时：

财务会计：借：加工物品——委托加工物品  1 500

     应交增值税——进项税额  195

     贷：银行存款  1 695

预算会计：借：事业支出  1 695

     贷：资金结存——银行存款  1 695

（3）收回加工物品，并验收入库时：

财务会计：借：库存物品  41 500

     贷：加工物品—委托加工物品  41 500

预算会计：不做账务处理

五、案例分析题

1. 答案：（1）2月8日，有关平行账务处理如下：

财务会计：借：在途物品  50 000

     应交增值税——进项税额  6 500

     贷：零余额账户用款额度  56 500

预算会计：借：事业支出  56 500

     贷：资金结存——零余额账户用款额度  56 500

（2）2月10日，有关平行账务处理如下：

财务会计：借：库存物品  50 000

     贷：在途物品  50 000

预算会计：不做账务处理

（3）2月11日，发出材料，有关平行账务处理如下：

财务会计：借：加工物品——委托加工物品  20 000

     贷：库存物品  20 000

预算会计：不做账务处理

（4）2月15日，有关平行账务处理如下：

支付加工费的财务会计：借：加工物品——委托加工物品  8 000

| | | |
|---|---|---|
| | 应交税费——进项税额 | 1 040 |
| | 贷：银行存款 | 9 040 |

对付加工费的预算会计：借：经营支出　　　　　　　　9 040
　　　　　　　　　　　贷：资金结存——银行存款　　9 040
收回加工物品的财务会计：借：库存物品　　　　　　　28 000
　　　　　　　　　　　　贷：加工物品——委托加工物品　28 000
收回加工物品的预算会计：不做账务处理

(5) 2月20日，有关平行账务处理如下：
财务会计：借：库存物品　　　　　　　　　　　　35 500
　　　　　　　应交增值税——进项税额　　　　　4 595
　　　　　贷：银行存款　　　　　　　　　　　　545
　　　　　　　捐赠收入　　　　　　　　　　　　39 550
预算会计：借：其他支出　　　　　　　　　　　　545
　　　　　贷：资金结存　　　　　　　　　　　　545

(6) 2月27日，有关平行账务处理如下：
财务会计：借：待处理财产损溢　　　　　　　　　1 130
　　　　　贷：库存物品　　　　　　　　　　　　1 000
　　　　　　　应交增值税——进项税额转出　　　130
预算会计：不做账务处理

(7) 2月28日，有关平行账务处理如下：
财务会计：借：资产处置费用　　　　　　　　　　1 130
　　　　　贷：待处理财产损溢　　　　　　　　　1 130
预算会计：不做账务处理

## 第四章　投资

一、单项选择题

1. D　2. D　3. D　4. A　5. D　6. C　7. A　8. B　9. A　10. A　11. D　12. D　13. A　14. A　15. B　16. A　17. A　18. C

二、多项选择题

1. BCD　2. AC　3. AC　4. ABCD　5. AB　6. ABCD　7. ABCD　8. ABCD　9. ABC　10. ABCD　11. ACD　12. ABCD　13. ABD　14. ACD　15. ABDE

三、判断题

1. √　2. ×　3. √　4. √　5. √　6. √　7. ×　8. √　9. √　10. ×　11. √

四、业务题

1. 情况1：收益纳入本单位预算管理并确认投资收益

（1）2021年3月10日购入时：

| | | |
|---|---|---|
| 财务会计：借：短期投资 | | 2 450 000 |
| 　　　　　贷：银行存款 | | 2 450 000 |
| 预算会计：借：投资支出 | | 2 450 000 |
| 　　　　　贷：资金结存 | | 2 450 000 |

（2）2021年6月8日收到债券利息时：

| | | |
|---|---|---|
| 财务会计：借：银行存款 | | 100 000 |
| 　　　　　贷：短期投资 | | 100 000 |
| 预算会计：借：资金结存 | | 100 000 |
| 　　　　　贷：投资支出 | | 100 000 |

（3）2021年10月31日收到持有期的利息时：

| | | |
|---|---|---|
| 财务会计：借：银行存款 | | 50 000 |
| 　　　　　贷：投资收益 | | 50 000 |
| 预算会计：借：资金结存 | | 50 000 |
| 　　　　　贷：投资预算收益 | | 50 000 |

（4）2021年11月10日出售时：

| | | |
|---|---|---|
| 财务会计：借：银行存款 | | 2 600 000 |
| 　　　　　贷：短期投资 | | 2 350 000 |
| 　　　　　　　投资收益 | | 250 000 |
| 预算会计：借：资金结存 | | 2 600 000 |
| 　　　　　贷：其他结余 | | 2 350 000 |
| 　　　　　　　投资预算收益 | | 250 000 |

情况2：投资收益需要上缴财政的，不能确认投资收益

（1）2021年3月10日购入时：

| | | |
|---|---|---|
| 财务会计：借：短期投资 | | 2 450 000 |
| 　　　　　贷：银行存款 | | 2 450 000 |
| 预算会计：借：投资支出 | | 2 450 000 |
| 　　　　　贷：资金结存 | | 2 450 000 |

（2）2021年6月8日收到债券利息时：

| | | |
|---|---|---|
| 财务会计：借：银行存款 | | 100 000 |
| 　　　　　贷：短期投资 | | 100 000 |

预算会计：借：资金结存 100 000
　　　　　　贷：投资支出 100 000

（3）2021年10月31日收到持有期的利息时：

财务会计：借：银行存款 50 000
　　　　　　贷：应交财政款 50 000

预算会计：不需要进行账务处理

（4）2021年11月10日出售时：

财务会计：借：银行存款 2 600 000
　　　　　　贷：短期投资 2 350 000
　　　　　　　　应交财政款 250 000

预算会计：借：资金结存 2 600 000
　　　　　　贷：其他结余 2 600 000

（5）投资收益上缴财政时：

财务会计：借：应缴财政款 250 000
　　　　　　贷：银行存款 250 000

预算会计：不需要进行账务处理

需要说明的是，国债利息收入按税法规定是免增值税和企业所得税的。

2. （1）2021年1月10日投资时：

财务会计：借：长期股权投资——乙公司 3 000 000
　　　　　　贷：银行存款 3 000 000

预算会计：借：投资支出 3 000 000
　　　　　　贷：资金结存 3 000 000

（2）4月15日乙公司宣告2020年度的现金股利时：

财务会计：借：应收股利 75 000
　　　　　　贷：应缴财政款 75 000

预算会计：不需要进行账务处理

（3）6月5日收到现金股利时：

财务会计：借：银行存款 75 000
　　　　　　贷：应收股利 75 000

预算会计：不需要进行账务处理

（4）2021年度实现净利润时，甲事业单位不需要进行任何账务处理。

（5）2022年度发生净亏损时，甲事业单位不需要进行任何账务处理。

（6）2023年10月8日出售时：

财务会计：借：银行存款　　　　　　　　　　　　　　　　3 500 000
　　　　　　贷：长期股权投资——乙公司　　　　　　　　3 000 000
　　　　　　　　应缴财政款　　　　　　　　　　　　　　500 000
预算会计：借：资金结存　　　　　　　　　　　　　　　　3 000 000
　　　　　　贷：其他结余　　　　　　　　　　　　　　　3 000 000

(7) 上缴财政时：

财务会计：借：应缴财政款　　　　　　　　　　　　　　　575 000
　　　　　　贷：银行存款　　　　　　　　　　　　　　　575 000

预算会计：不需要进行账务处理

3. (1) 2021年1月12日投资时：

财务会计：借：长期股权投资——成本　　　　　　　　　　3 000 000
　　　　　　贷：银行存款　　　　　　　　　　　　　　　3 000 000
预算会计：借：投资支出　　　　　　　　　　　　　　　　3 000 000
　　　　　　贷：资金结存　　　　　　　　　　　　　　　3 000 000

(2) 4月15日乙公司宣告2020年度的现金股利时：

计算甲事业单位应享有的份额 = 75 × 60% = 45（万元）

财务会计：借：应收股利　　　　　　　　　　　　　　　　450 000
　　　　　　贷：长期股权投资——损益调整　　　　　　　450 000

预算会计：不需要进行账务处理

(3) 6月5日收到现金股利时：

财务会计：借：银行存款　　　　　　　　　　　　　　　　450 000
　　　　　　贷：应收股利　　　　　　　　　　　　　　　450 000
预算会计：借：资金结存　　　　　　　　　　　　　　　　450 000
　　　　　　贷：投资预算收益　　　　　　　　　　　　　450 000

(4) 2021年度实现净利润时：

计算甲事业单位应享有的份额 = 50 × 60% = 30（万元）

财务会计：借：长期股权投资——损益调整　　　　　　　　300 000
　　　　　　贷：投资收益　　　　　　　　　　　　　　　300 000

预算会计：不需要进行账务处理

(5) 2022年度发生净亏损时：

计算ABC事业单位应享有的份额 = 200 × 60% = 120（万元）

财务会计：借：投资收益　　　　　　　　　　　　　　　　1 200 000
　　　　　　贷：长期股权投资——损益调整　　　　　　　1 200 000

预算会计：不需要进行账务处理

需要说明的是，政府会计主体在确认被投资单位发生的净亏损时，应当以长期股权投资的账面余额减记至零为限。

（6）2023年9月10日出售时：

财务会计：借：银行存款　　　　　　　　　　　　　　　3 500 000
　　　　　　　长期股权投资——损益调整　　　　　　　1 350 000
　　　　　贷：长期股权投资——成本　　　　　　　　　3 000 000
　　　　　　　投资收益　　　　　　　　　　　　　　　1 850 000

预算会计：借：资金结存　　　　　　　　　　　　　　　3 500 000
　　　　　贷：其他结余　　　　　　　　　　　　　　　3 000 000
　　　　　　　投资预算收益　　　　　　　　　　　　　　500 000

五、案例分析题

不可行！理财产品都存在风险，即便是班子集体决策也不代表公款理财就合规合理。按照《财政部关于进一步规范和加强行政事业单位国有资产管理的指导意见》规定，除法律另有规定外，各级行政单位不得利用国有资产对外担保，不得以任何形式利用占有、使用的国有资产进行对外投资。财政资金必须严格执行财政国库集中支付管理制度，按照预算使用。即便是具有企业属性的下属国有企业，财政拨款的专项资金也不能投资理财，只能专款专用。

延伸阅读：

按照《财政部关于进一步规范和加强行政事业单位国有资产管理的指导意见》规定，国有资产不能进行投资。

一是公款理财不管去向如何，是否保值增值，只要挪用进行营利活动的，均涉嫌违法犯罪；

二是结余资金理财这个口子一旦打开，无疑为暗中挪用资金创造了便利；

三是行政事业单位要坚决杜绝"闲置"资金借道下属公司投资这一打擦边球的行为。

## 第五章　固定资产

一、单项选择题

1. D　2. B　3. C　4. B　5. A　6. A　7. D　8. B　9. C　10. A　11. C　12. C　13. B　14. D　15. B　16. C　17. A　18. D　19. A　20. D

二、多项选择题

1. AC　2. BCD　3. ABCD　4. ABC　5. ABC　6. ABC　7. ABCD　8. CD　9. ABC　10. ACD

三、判断题

1—5：√××√√。 6—10：××√×√。

四、业务题

1. （1）设备购入时：

财务会计：借：在建工程　　　　　　　　　　　　　　300 500
　　　　　　　贷：银行存款　　　　　　　　　　　　　300 500

预算会计：借：事业支出　　　　　　　　　　　　　　300 500
　　　　　　　贷：资金结存——货币资金　　　　　　　300 500

（2）安装时：

财务会计：借：在建工程　　　　　　　　　　　　　　　1 000
　　　　　　　贷：银行存款　　　　　　　　　　　　　　1 000

预算会计：借：事业支出　　　　　　　　　　　　　　　1 000
　　　　　　　贷：资金结存——货币资金　　　　　　　　1 000

（3）安装完工交付使用时：

财务会计：借：固定资产　　　　　　　　　　　　　　301 500
　　　　　　　贷：在建工程　　　　　　　　　　　　　301 500

预算会计：不做账务处理

2. （1）办公楼转入改建工程时：

财务会计：借：在建工程——建筑安装工程投资　　　　2 000 000
　　　　　　　　固定资产累计折旧　　　　　　　　　4 000 000
　　　　　　　贷：固定资产——办公楼　　　　　　　6 000 000

预算会计：不做账务处理

（2）发生改建支出时：

财务会计：借：在建工程——建筑安装工程投资　　　　2 700 000
　　　　　　　贷：零余额账户用款额度　　　　　　　2 700 000

预算会计：借：行政支出　　　　　　　　　　　　　　2 700 000
　　　　　　　贷：资金结存——零余额账户用款额度　　2 700 000

（3）完工验收时：

财务会计：借：固定资产——办公楼　　　　　　　　　4 700 000
　　　　　　　贷：在建工程——建筑安装工程投资　　　4 700 000

预算会计：不做账务处理

五、案例分析题

（1）处理不正确，理由是接受捐赠的固定资产不需确认事业支出和其他收入。

（2）处理不正确，理由是资产处置的审批权限按照资产的原值确定。该仪器设备的原值超过 800 万元，应报经上级主管部门审核后，报财政部审批。

（3）财务会计处理不正确，理由是工程完成后可延长办公楼使用年限。该支出属于符合固定资产确认的支出，应计入"在建工程"。预算会计处理正确。

（4）处理不正确，理由是同类或类似固定资产的市场价格无法可靠取得的，按照名义金额（即 1 元）入账。

（5）处理不正确，实验楼的初始入账价值应为 404 020 元。

（6）处理不正确，当月增加的固定资产下月才开始计提折旧，当月不计提。

## 第六章　无形资产

一、单项选择题

1. C　2. C　3. B　4. D　5. B　6. B　7. C　8. B　9. A　10. B　11. D　12. A　13. D　14. C　15. D　16. C　17. B　18. D　19. A　20. D

二、多项选择题

1. ABD　2. ABCD　3. AC　4. ABCD　5. ABCD　6. AB　7. ABCD　8. AB　9. BCD　10. ACD

三、判断题

1—5：×√√××。　6—10：×√××√。

四、业务题

1.（1）预付开发费时：

| | |
|---|---|
| 财务会计：借：预付账款 | 240 000 |
| 　　　　　　贷：零余额账户用款额度 | 240 000 |
| 预算会计：借：事业支出 | 240 000 |
| 　　　　　　贷：资金结存——零余额账户用款额度 | 240 000 |

（2）完工交付时：

| | |
|---|---|
| 财务会计：借：无形资产 | 400 000 |
| 　　　　　　贷：预付账款 | 240 000 |
| 　　　　　　　　零余额账户用款额度 | 160 000 |
| 预算会计：借：事业支出 | 160 000 |
| 　　　　　　贷：资金结存——零余额账户用款额度 | 160 000 |

2.（1）升级改造时：

| | |
|---|---|
| 财务会计：借：在建工程 | 54 000 |
| 　　　　　　无形资产累计摊销 | 6 000 |

  贷：无形资产                   60 000
  借：在建工程                  15 000
    贷：银行存款                 15 000
预算会计：借：其他支出               15 000
    贷：资金结存——货币资金          15 000

（2）日常维护支出时：
财务会计：借：业务活动费用             5 000
    贷：银行存款                5 000
预算会计：借：事业支出                5 000
    贷：资金结存——货币资金          5 000

### 五、案例分析题

（1）处理不准确。正确的处理方式如下：
财务会计：借：无形资产累计摊销           500 000
      资产处置费用              510 000
    贷：无形资产                1 000 000
      银行存款                 10 000
预算会计：借：其他支出                10 000
    贷：资金结存                10 000

（2）财务会计处理不正确，预算会计处理正确。财务会计正确的处理是：增加无形资产60万元，减少零余额账户用款额度60万元。

（3）正确的账务处理方式如下：
财务会计：借：库存物品                150 000
      无形资产累计摊销           300 000
      银行存款                 50 000
    贷：无形资产                500 000
预算会计：不做账务处理

## 第七章　公共基础设施

### 一、单项选择题

1. B　2. C　3. D　4. D　5. A　6. B　7. C　8. A　9. C　10. B　11. C　12. D　13. D　14. A　15. D　16. A　17. C　18. A　19. D　20. C

### 二、多项选择题

1. ABC　2. ABCD　3. AC　4. ABCD　5. BCD　6. ABCD　7. ABCD　8. CD　9. AC

10. ABCD

三、判断题

1. √  2. ×  3. √  4. ×  5. ×  6. ×  7. ×  8. ×  9. ×  10. √

四、业务题

1.

| 财务会计 | 预算会计 |
|---|---|
| 借：公共基础设施　　300 000<br>　　贷：财政拨款收入　　　300 000 | 借：行政支出　　　　300 000<br>　　贷：财政拨款预算收入　300 000 |

2.

成本 = 199 000 + 1 000 = 200 000 元

| 财务会计 | 预算会计 |
|---|---|
| 借：公共基础设施　　200 000<br>　　贷：银行存款　　　　　1 000<br>　　　　无偿调拨净资产　199 000 | 借：其他支出　　　　　200 000<br>　　贷：资金结存——货币资金　200 000 |

五、案例分析题

从资产的实物形态和相关价值标准而言，政府会计主体控制的公共基础设施与其固定资产有一定的相似性，因此采用权责发生制政府会计的典型国家和地区中，绝大多数都将基础设施作为固定资产的一个类别，在固定资产准则中予以规范。

由于我国政府公共基础设施数量众多，在资金来源、建造和管理方式、产权关系、用途等方面与政府会计主体占有、使用的固定资产有较大区别，很多专家学者和实务工作者提出，有关固定资产的会计规定并不能满足公共基础设施核算的需要；公共基础设施作为政府会计主体维护管理的资产，其本身价值及产生的折旧费用等区别于政府会计主体的固定资产，应单独核算，以为未来科学评价政府绩效奠定基础。

# 第八章　政府储备物资

一、单项选择题

1. C  2. A  3. C  4. C  5. B  6. A  7. B  8. D  9. A  10. D  11. D  12. D  13. C  14. C  15. B  16. D  17. A  18. A  19. D  20. B

二、多项选择题

1. ABCD  2. ABCD  3. ABCD  4. ABC  5. ABCD  6. ABC  7. BCD  8. BCD  9. BC
10. ABCD

### 三、判断题

1. √ 2. √ 3. √ 4. √ 5. × 6. × 7. √ 8. √ 9. √ 10. √

### 四、业务题

1. （1）财务会计账务处理如下：

| | |
|---|---:|
| 借：政府储备物资 | 200 000 |
| 　贷：财政拨款收入 | 200 000 |
| 借：政府储备物资 | 320 000 |
| 　贷：无偿调拨净资产 | 300 000 |
| 　　　银行存款 | 20 000 |
| 借：政府储备物资 | 55 000 |
| 　贷：捐赠收入 | 50 000 |
| 　　　银行存款 | 5 000 |

（2）预算会计账务处理如下：

| | |
|---|---:|
| 借：事业支出 | 200 000 |
| 　贷：财政拨款预算收入 | 200 000 |
| 借：其他支出 | 20 000 |
| 　贷：资金结存——货币资金 | 20 000 |
| 借：其他支出 | 5 000 |
| 　贷：资金结存——货币资金 | 5 000 |

2. （1）财务会计账务处理如下：

销售防汛器材：

| | |
|---|---:|
| 借：业务活动费用 | 300 000 |
| 　贷：政府储备物资 | 300 000 |
| 借：银行存款 | 400 000 |
| 　贷：事业收入 | 400 000 |
| 借：业务活动费用 | 30 000 |
| 　贷：银行存款 | 30 000 |

出售临期防疫物资：

| | |
|---|---:|
| 借：资产处置费用 | 60 000 |
| 　贷：政府储备物资 | 60 000 |
| 借：银行存款 | 85 000 |
| 　贷：银行存款 | 80 000 |
| 　　　应缴财政款 | 5 000 |

（2）预算会计账务处理如下：

借：资金结存——货币资金 400 000
　　贷：其他预算收入 400 000
借：事业支出 30 000
　　贷：资金结存——货币资金 300 000

处置临期防汛物资不涉及账务处理。

五、案例分析题

答：李明的账务处理错误，他将政府储备物资的账务处理与存货账务处理混淆。

正确的账务处理应为：

财务账务处理：

借：政府储备物资 100 000
　　贷：银行存款 5 000
　　　　无偿调拨净资产 100 000
借：其他支出 5 000
　　贷：资金结存——货币资金 5 000

## 第九章　文物文化资产

一、单项选择题

1. A　2. D　3. D　4. A　5. C　6. A　7. B　8. B　9. A　10. C　11. A　12. A　13. A　14. A　15. A　16. A　17. C　18. D　19. A　20. A

二、多项选择题

1. ACD　2. BD　3. BCD　4. ABCD　5. BCD　6. ABCD　7. ABCD　8. ABC　9. ABCD　10. ABC

三、判断题

1. √　2. ×　3. √　4. ×　5. ×　6. √　7. √　8. √　9. √　10. ×

四、业务题

1. （1）财务会计

借：文物文化资产 59 500
　　贷：财政拨款收入 59 500

预算会计

借：事业支出 59 500
　　贷：财政拨款预算收入 59 500

(2) 财务会计

借：文物文化资产 38 500
　　贷：捐赠收入 38 500
预算会计不做处理

(3) 财务会计

借：无偿调拨净资产 35 500
　　贷：文物文化资产 35 500
借：资产处置费用 1 500
　　贷：银行存款 1 500
预算会计

借：其他支出 1 500
　　贷：资金结存 1 500

2. (1) 平行处理如下

财务会计

借：在建工程——维护工程 2 000 000
　　贷：文物文化资产 2 000 000
预算会计不做处理

(2) 后续支出平行处理如下

财务会计

借：在建工程 650 000
　　贷：银行存款 650 000
预算会计

借：事业支出 650 000
　　贷：资金结存——银行存款 650 000

改扩建完成达到预定可交付使用状态，资本化、费用化支出处理

财务会计

借：文物文化资产 2 500 000
　　业务活动费用 150 000
　　贷：在建工程——维护工程 2 650 000
预算会计不做处理

五、案例分析题

如果以一笔款项购入多项没有单独标价的文物文化资产，应按照各项文物文化资产公允价值的比例对总成本进行分配，分别确认各项资产的入账价值。

（1）确定文物文化资产的总成本＝1 000＋60＝1 060 万元

（2）确定三项资产的价值分配比例：

A 应分配的文物文化资产价值比例＝500／（500＋600＋400）＊100％＝33.33％

B 应分配的文物文化资产价值比例＝600／（500＋600＋400）＊100％＝40％

C 应分配的文物文化资产价值比例＝400／（500＋600＋400）＊100％＝26.67％

（3）确定三项资产的入账价值：

A 文物文化资产入账价值＝1 060＊33.33％＝353.30 万元

B 文物文化资产入账价值＝1 060＊40％＝424 万元

C 文物文化资产入账价值＝1 060＊26.67％＝282.70 万元

（4）平行账务处理如下

财务会计

借：文物文化资产——A　　　　　　　　　　　　　　　　　　　3 533 000

　　　　　　　　——B　　　　　　　　　　　　　　　　　　　4 240 000

　　　　　　　　——C　　　　　　　　　　　　　　　　　　　2 827 000

　　贷：银行存款　　　　　　　　　　　　　　　　　　　　　10 600 000

预算会计

借：事业支出　　　　　　　　　　　　　　　　　　　　　　　10 600 000

　　贷：资金结存——银行存款　　　　　　　　　　　　　　　10 600 000

## 第十章　　保障性住房

一、单项选择题

1. C　2. D　3. B　4. A　5. D　6. B　7. C　8. A　9. D　10. D　11. C　12. B　13. C　14. B　15. A　16. D　17. A　18. C　19. B　20. C

二、多项选择题

1. BCD　2. ABCD　3. ACD　4. BD　5. ABC　6. ACD　7. ABCD　8. AB　9. CD　10. ACD

三、判断题

1. ×　2. ×　3. ×　4. √　5. ×　6. ×　7. √　8. ×　9. ×　10. ×

四、业务题

1. A 政府会计主体业务账务处理如下：

（1）支付转让价款

①财务会计

借：无形资产——土地使用权　　　　　　　　　　　　　　　　8 000 000

| 贷：银行存款 | | 8 000 000 |
|---|---|---|

②预算会计

| 借：行政支出/事业支出 | 8 000 000 | |
|---|---|---|
| 　贷：资金结存——银行存款 | | 8 000 000 |

（2）在土地上自行建造廉租住房

①财务会计

| 借：在建工程 | 4 000 000 | |
|---|---|---|
| 　贷：工程物资 | | 2 000 000 |
| 　　　应付职工薪酬 | | 1 000 000 |
| 　　　银行存款 | | 1 000 000 |

②预算会计

| 借：行政支出/事业支出 | 4 000 000 | |
|---|---|---|
| 　贷：资金结存——银行存款 | | 4 000 000 |

（3）廉租住房达到预定可使用状态

①财务会计

| 借：保障性住房 | 4 000 000 | |
|---|---|---|
| 　贷：在建工程 | | 4 000 000 |

②预算会计

不做账务处理

（4）每年分期摊销土地使用权和对廉租住房计提折旧

①财务会计

| 借：业务活动费用 | | |
|---|---|---|
| 　　（8000000÷50） | 160 000 | |
| 　　业务活动费用 | | |
| （4000000÷20） | 2 000 000 | |
| 　贷：无形资产累计摊销 | | 160 000 |
| 　　　保障性住房累计折旧 | | 2 000 000 |

②预算会计

不做账务处理

2.（1）采用平均年限法计算 2017 年和 2018 年折旧额。

2017 年年折旧额 = 9 000 ÷ 30 × （8 ÷ 12） = 200（万元）

2018 年年折旧额 = 9 000 ÷ 30 = 300（万元）

（2）进行相关的账务处理。

保障性住房应当按月计提折旧，并根据用途计入相关资产的成本或者当期损益。

①2017 年计提折旧

财务会计

借：业务活动费用　　　　　　　　　　　　　　　　　　2 000 000
　　贷：保障性住房累计折旧　　　　　　　　　　　　　　2 000 000

预算会计

不做账务处理

②2018 年计提折旧

财务会计

借：业务活动费用　　　　　　　　　　　　　　　　　　3 000 000
　　贷：保障性住房累计折旧　　　　　　　　　　　　　　3 000 000

预算会计

不做账务处理

## 五、案例分析题

1. 划分不同层次，确定政府在不同层次保障体系中的角色

在保障性住房的建设中，政府应该注意住房的保障性、层次性，在解决住房困难家庭的住房问题时，应将困难人群划分为若干层次，针对不同层次的困难人群分别制定不同类型的保障性住房规划，并先重点解决低收入家庭的住房问题。而天津市政府在保障性住房供给中虽然对受保障人群的层次有较为明确的划分，但没有明确政府在不同层次保障体系中的角色定位，导致其角色的发挥存在着很多的问题。因此，天津市政府需要对城市中低收入且存在住房困难的家庭进行信息统计，并根据实际情况进行层次的划分，在层次划分的基础上分别制定不同的发展规划，同时，需要明确其在不同层次中的责任与角色。例如对保障性住房类型进行划分，首先发展廉租房的建设，有计划地一步一步解决中低收入困难家庭的住房困难问题。

2. 健全土地供应政策，保证保障性住房建设的土地供应

首先，天津市政府要做好统计工作，对整个城市的房屋数量、住房保障家庭的人口数量、符合住房保障条件家庭数量等信息综合分析统计的数据，结合城市规划方向、商业开发土地及其他的土地需要，制定合理的土地划分的规划。保障性住房的价格很大程度上是政府压低土地出让价格之后，再结合成本控制而实现的，因而土地的价格和数量对于保障性住房的供给来说有着举足轻重的作用。因此，政府要根据实际情况，合理规划土地，同时也要优先安排保障性住房建设用地，初步建立起一套符合实际情况的土地供应体系。

### 3. 拓宽融资渠道，保证保障性住房建设的资金支持

"巧妇难为无米之炊"；没有资金的支持，政府也难以推动保障性住房的发展。然而，建设保障性住房的资金仅由政府的财政拨款是不够的，且保障性住房本身作为一项公共服务事业具有很少的利润，开发商也很难做出很大投资，因此多渠道的融资则显得尤为重要。政府作为保障性住房供给中的主体，在融资过程中应充分发挥其拥有的公权力，通过制定相关政策，鼓励社会各界投资保障性住房的建设，在拓宽融资渠道的同时也要注意完善融资的制度，建立起较为完善的融资渠道、方式与制度，充分保障保障性住房的建设资金。

### 4. 完善住房保障体系，强调政府的主体地位

完善住房保障体系，不仅包括保障性住房的建设、审批，也包括保障性住房的退出机制，同时政府也要充分认识到其主体地位。在保障性住房的建设阶段，政府要制定一套成熟的项目规划、土地划拨、资金筹集、项目招标与监管的制度，且严格依照其执行。在保障性住房的审批阶段，政府更加要充当起主体的角色，建立严格的审批流程与考核指标，健全保障房申请审核、公示公告、网上备查制度，杜绝骗购、骗租的情况。最容易被忽略但又十分重要的一点是保障性住房住户的退出机制，政府可以通过引入利益传导机制，从政策上、资金上支持住户主动退出。住户主动退出住房保障福利后，能得到政策性优惠，诸如提供低息购房贷款、优先购买社会保障性商品房、购房税费减免等。

## 第十一章 负 债

一、单项选择题

1. C  2. D  3. A  4. A  5. D  6. A  7. A  8. B  9. B  10. C  11. A  12. C  13. D  14. D  15. B  16. D  17. D  18. D  19. A  20. C

二、多项选择题

1. AB  2. BCD  3. ABCD  4. ABCD  5. ABCD  6. ABCD  7. ABC  8. ABCD  9. ABD  10. AC

三、判断题

1. √  2. ×  3. ×  4. ×  5. √  6. ×  7. √  8. √  9. √  10. √

四、业务题

1.

| | 财务会计 | 预算会计 |
|---|---|---|
| （1）1月1日借入款项 | 借：银行存款　　　　4 000 000<br>　　贷：短期借款　　　　4 000 000 | 借：资金结存——货币资金　4 000 000<br>　　贷：短期借款　　　　　　4 000 000 |

续　表

|  | 财务会计 | 预算会计 |
|---|---|---|
| (2) 3月31日支付利息 4 000 000 * 5% * 3/12 = 50 000 元 | 借：应付利息——利息支出　50 000<br>　　贷：银行存款　　　　　　　50 000 | 借：其他支出　　　　　　　　50 000<br>　　贷：资金结存——货币资金　50 000 |

2.

| 财务会计 | 预算会计 |
|---|---|
| 借：应缴增值税——未缴税金　8 000<br>　　贷：银行存款　　　　　　　8 000 | 借：事业支出　　　　　　　　8 000<br>　　贷：资金结存——货币资金　8 000 |

**五、案例分析题**

甲局处理不正确。甲局将办公楼用于担保，违反了行政事业单位国有资产管理条例，国有资产不能用于担保。应要求下属单位及时归还贷款，停止该项贷款行为。

## 第十二章　收入与预算收入

**一、单项选择题**

1. D　2. A　3. B　4. D　5. D　6. D　7. B　8. B　9. B　10. D　11. D　12. A　13. C　14. B　15. C　16. B　17. D　18. D　19. D　20. B

**二、多项选择题**

1. ABCD　2. ABCD　3. ABC　4. CD　5. ABC　6. ABCD　7. ABC　8. BCD　9. ABC　10. BC　11. ABCD　12. ABCD　13. AC　14. ABCD　15. ABD

**三、判断题**

1. √　2. ×　3. √　4. ×　5. ×　6. √　7. √　8. ×　9. ×　10. ×　11. √　12. √　13. √　14. ×　15. ×

**四、业务题**

(一) 练习财政拨款收入与财政拨款预算收入的账务处理

1. 财务会计：

　　借：库存物品　　　　　　　　　　　　　　　　　　　　4 000
　　　　固定资产　　　　　　　　　　　　　　　　　　　　50 000
　　　　业务活动费用　　　　　　　　　　　　　　　　　　2 000
　　　　单位管理费用　　　　　　　　　　　　　　　　　　450
　　　　贷：财政拨款收入　　　　　　　　　　　　　　　　　　56 450

预算会计：

借：事业支出　　　　　　　　　　　　　　　　　　　　56 450
　　贷：财政拨款预算支出　　　　　　　　　　　　　　56 450
2. （1）财务会计：
借：业务活动费用　　　　　　　　　　　　　　　　　　30 000
　　应付职工薪酬　　　　　　　　　　　　　　　　　　120 000
　　贷：财政拨款收入　　　　　　　　　　　　　　　　150 000
预算会计：
借：行政支出　　　　　　　　　　　　　　　　　　　　150 000
　　贷：财政拨款预算收入　　　　　　　　　　　　　　150 000
（2）财务会计：
借：财政应返还额度　　　　　　　　　　　　　　　　　200 000
　　贷：财政拨款收入　　　　　　　　　　　　　　　　200 000
预算会计：
借：资金结存　　　　　　　　　　　　　　　　　　　　200 000
　　贷：财政拨款预算收入　　　　　　　　　　　　　　200 000
3. （1）财务会计：
借：零余额账户用款额度　　　　　　　　　　　　　　　60 000
　　贷：财政拨款收入　　　　　　　　　　　　　　　　60 000
预算会计：
借：资金结存——零余额账户用款额度　　　　　　　　 60 000
　　贷：财政拨款预算收入　　　　　　　　　　　　　　60 000
（2）财务会计：
借：业务活动费用　　　　　　　　　　　　　　　　　　2 500
　　贷：零余额账户用款额度　　　　　　　　　　　　　2 500
预算会计：
借：事业支出　　　　　　　　　　　　　　　　　　　　2 500
　　贷：资金结存——零余额账户用款额度　　　　　　　2 500
（3）财务会计：
借：财政应返还额度——财政授权支付　　　　　　　　 300 000
　　贷：财政拨款收入　　　　　　　　　　　　　　　　300 000
预算会计：
借：资金结存——财政应返还额度　　　　　　　　　　 300 000
　　贷：财政拨款预算收入　　　　　　　　　　　　　　300 000

4. （1）财务会计：

借：银行存款　　　　　　　　　　　　　　　　　　　　　　　　　7 000
　　贷：财政拨款收入　　　　　　　　　　　　　　　　　　　　　　　7 000

预算会计：

借：资金结存——货币资金　　　　　　　　　　　　　　　　　　　7 000
　　贷：财政拨款预算收入　　　　　　　　　　　　　　　　　　　　　7 000

（2）财务会计：

借：银行存款　　　　　　　　　　　　　　　　　　　　　　　　　20 000
　　贷：其他应付款　　　　　　　　　　　　　　　　　　　　　　　　20 000

预算会计：不做账务处理

（3）财务会计：

借：其他应付款　　　　　　　　　　　　　　　　　　　　　　　　20 000
　　贷：财政拨款收入　　　　　　　　　　　　　　　　　　　　　　　20 000

预算会计：

借：资金结存——货币资金　　　　　　　　　　　　　　　　　　　20 000
　　贷：财政拨款预算收入　　　　　　　　　　　　　　　　　　　　　20 000

（4）财务会计：

借：银行存款　　　　　　　　　　　　　　　　　　　　　　　　　20 000
　　贷：其他应付款　　　　　　　　　　　　　　　　　　　　　　　　20 000

预算会计：不做账务处理

（5）财务会计：

借：其他应付款　　　　　　　　　　　　　　　　　　　　　　　　20 000
　　贷：财政拨款收入　　　　　　　　　　　　　　　　　　　　　　　20 000

预算会计：

借：资金结存——货币资金　　　　　　　　　　　　　　　　　　　20 000
　　贷：财政拨款预算收入　　　　　　　　　　　　　　　　　　　　　20 000

5. （1）财务会计：

借：财政拨款收入　　　　　　　　　　　　　　　　　　　　　　　5 000
　　贷：业务活动费用　　　　　　　　　　　　　　　　　　　　　　　5 000

预算会计：

借：财政拨款预算收入　　　　　　　　　　　　　　　　　　　　　5 000
　　贷：事业支出　　　　　　　　　　　　　　　　　　　　　　　　　5 000

(2) 财务会计：

借：财政拨款收入 1 500
　　贷：库存物品 1 500

预算会计：

借：财政拨款预算收入 1 500
　　贷：事业支出 1 500

(二) 练习事业收入与事业预算收入的财务处理

1. (1) 财务会计：

借：银行存款 45 000
　　贷：应缴财政款 45 000

预算会计：不做账务处理

(2) 财务会计：

借：应缴财政款 45 000
　　贷：银行存款 45 000

预算会计：不做账务处理

(3) 财务会计：

借：银行存款 45 000
　　贷：事业收入 45 000

预算会计：

借：资金结存——货币资金 45 000
　　贷：事业预算收入 45 000

2. (1) 财务会计：

借：应收账款 3 000
　　贷：应缴财政款 3 000

预算会计：不做账务处理

(2) 财务会计：

借：应缴财政款 3 000
　　贷：银行存款 3 000

预算会计：不做账务处理

(3) 财务会计：

借：银行存款 3 000
　　贷：应收账款 3 000

预算会计：不做账务处理

(4) 财务会计：

借：银行存款 3 000
 贷：事业收入 3 000

预算会计：

借：资金结存——货币资金 4 000 3 000
 贷：事业预算收入 4 000 3 000

3. (1) 财务会计：

借：银行存款 5 300 000
 贷：应缴财政款 5 300 000

预算会计：不做账务处理

(2) 财务会计：

借：应缴财政款 5 300 000
 贷：银行存款 5 300 000

预算会计：不做账务处理

(3) 财务会计：

借：应缴财政款 5 300 000
 贷：应缴财政款 5 300 000

预算会计：不做账务处理

(4) 财务会计：

借：银行存款 4 240 000
 贷：事业收入——教育事业收入——学费 4 240 000

预算会计：

借：资金结存——货币资金 4 240 000
 贷：事业预算收入——教育事业预算收入——学费 4 240 000

(5) ①收到指标时不做账，登记指标

②财务会计：

借：业务活动费用——工资福利支出 450 000
 贷：事业收入——教育事业收入——学费 450 000

预算会计：

借：事业支出——教育支出 450 000
 贷：事业预算收入——教育事业预算收入——学费 450 000

(6) 财务会计：

借：财政应返还额度——非税专户应返还额度 120 000

贷：事业收入——教育事业收入——学费　　　　　　　　120 000
预算会计：
借：资金结存——财政应返还额度　　　　　　　　　　　　120 000
　　贷：事业预算收入——教育事业预算收入——学费　　　120 000
4. （1）财务会计：
借：银行存款　　　　　　　　　　　　　　　　　　　　4 240 000
　　贷：预收账款　　　　　　　　　　　　　　　　　　4 240 000
　　　　应交增值税——销项税额　　　　　　　　　　　　240 000
预算会计：
借：资金结存——货币资金　　　　　　　　　　　　　　4 240 000
　　贷：事业预算收入——科研事业预算收入　　　　　　4 240 000
（2）财务会计：
借：预收账款　　　　　　　　　　　　　　　　　　　　800 000
　　贷：事业收入——科研事业收入　　　　　　　　　　800 000
5. （1）
财务会计：
借：银行存款　　　　　　　　　　　　　　　　　　　　40 000
　　贷：预收账款　　　　　　　　　　　　　　　　　　40 000
预算会计：
借：资金结存——货币资金　　　　　　　　　　　　　　40 000
　　贷：事业预算收入　　　　　　　　　　　　　　　　40 000
（2）财务会计：
借：预收账款　　　　　　　　　　　　　　　　　　　　20 000
　　贷：事业收入　　　　　　　　　　　　　　　　　　20 000
预算会计：不做账务处理
6. （1）财务会计：
借：应收账款　　　　　　　　　　　　　　　　　　　　3 500
　　贷：事业收入　　　　　　　　　　　　　　　　　　3 500
预算会计：不进行账务处理
（2）财务会计：
借：银行存款　　　　　　　　　　　　　　　　　　　　3 500
　　贷：应收账款　　　　　　　　　　　　　　　　　　3 500
预算会计：

借：资金结存——货币资金　　　　　　　　　　　　　　　　　3 500
　　贷：事业预算收入　　　　　　　　　　　　　　　　　　　　3 500

7. 财务会计

借：应收账款　　　　　　　　　　　　　　　　　　　　　　　1 130 000
　　贷：事业收入　　　　　　　　　　　　　　　　　　　　　　1 000 000
　　　　应交增值税——销项税额　　　　　　　　　　　　　　　　130 000

预算会计：不做账务处理

8月收到货款

财务会计

借：银行存款　　　　　　　　　　　　　　　　　　　　　　　1 130 000
　　贷：应收账款　　　　　　　　　　　　　　　　　　　　　　1 130 000

预算会计

借：资金结存——货币资金　　　　　　　　　　　　　　　　　1 130 000
　　贷：事业预算收入　　　　　　　　　　　　　　　　　　　　1 130 000

8.（1）财务会计：

借：库存现金　　　　　　　　　　　　　　　　　　　　　　　1 200
　　贷：事业收入　　　　　　　　　　　　　　　　　　　　　　1 200

预算会计：

借：资金结存—货币资金　　　　　　　　　　　　　　　　　　1 200
　　贷：事业预算收入　　　　　　　　　　　　　　　　　　　　1 200

（2）12月2日，款项交存银行。

财务会计：

借：银行存款　　　　　　　　　　　　　　　　　　　　　　　1 200
　　贷：库存现金　　　　　　　　　　　　　　　　　　　　　　1 200

预算会计：不做账务处理

9. 财务会计：

借：事业收入　　　　　　　　　　　　　　　　　　　　　　　1 500 000
　　贷：本期盈余　　　　　　　　　　　　　　　　　　　　　　1 500 000

预算会计：

A. 专项资金收入

借：事业预算收入　　　　　　　　　　　　　　　　　　　　　1 250 000
　　贷：非财政拨款结转——本年收支结转　　　　　　　　　　　1 250 000

B. 非专项资金收入

借：事业预算收入 2 500 000
  贷：其他结余 2 500 000

（三）练习上级补助收入与上级补助预算收入的账务处理

1. （1）财务会计：

借：银行存款 150 000
  贷：上级补助收入 150 000

预算会计：

借：资金结存—货币资金 150 000
  贷：上级补助预算收入 150 000

（2）财务会计：

借：其他应收款 60 000
  贷：上级补助收入 60 000

预算会计：不做账务处理

（3）财务会计：

借：银行存款 60 000
  贷：其他应收款 60 000

预算会计：

借：资金结存——货币资金 60 000
  贷：上级补助预算收入 60 000

（4）财务会计：

借：上级补助收入 350 000
  贷：本期盈余 350 000

预算会计：

A. 专项资金收入

借：上级补助预算收入（各专项资金收入明细科目） 450 000
  贷：非财政拨款结转——本年收支结转 450 000

B. 非专项资金收入

借：上级补助预算收入（各非专项资金收入明细科目） 110 000
  贷：其他结余 110 000

2. （1）财务会计：

借：银行存款 450 000
  贷：上级补助收入——主管部门——救灾专项款 450 000

预算会计

借：资金结存——货币资金 450 000
　　贷：上级补助预算收入——主管部门——救灾专项款【功能分类】 450 000

(2) 按指定用途购买救灾物资等

财务会计：

借：业务活动费用——商品和服务支出 450 000
　　贷：银行存款 450 000

预算会计：

借：事业支出——非财政专项资金支出【功能分类】——项目支出（救灾专项款）
 450 000
　　贷：资金结存——货币资金 450 000

3. (1) 国库集中支付系统收到非税专户转来指标时不做账，登记指标。

(2) 财务会计：

借：业务活动费用——工资福利支出 1 000 000
　　贷：上级补助收入——上级单位——**科研项目 1 000 000

预算会计：

借：事业支出——非财政专项资金支出【功能分类】——项目支出（****科研项目）
 1 000 000
　　贷：上级补助预算收入——上级单位——专项资金【功能分类】——**科研项目
 1 000 000

(3) 财务会计：

借：财政应返还额度——财政直接支付（上级补助资金额度） 50 000
　　贷：上级补助收入——上级单位——**科研项目 50 000

预算会计：

借：资金结存——财政应返还额度 50 000
　　贷：上级补助预算收入——上级单位——专项资金【功能分类】——**科研项目
 50 000

(4) 财务会计（月末）：

借：上级补助收入——上级单位——**科研项目 150 000
　　贷：本期盈余 150 000

预算会计（年末）：

借：上级补助预算收入——上级单位——专项资金【功能分类】——**科研项目
 130 000

贷：非财政拨款结转——本年收支结转【功能分类】—— ＊＊科研项目
　　　　　　　　　　　　　　　　　　　　　　　　　　　　130 000

（四）练习附属单位上缴收入与附属单位上缴预算收入（事业单位）的账务处理

1. 财务会计：

借：银行存款　　　　　　　　　　　　　　　　　　　　30 000
　　贷：附属单位上缴收入　　　　　　　　　　　　　　30 000

预算会计

借：资金结存—货币资金　　　　　　　　　　　　　　　30 000
　　贷：附属单位上缴预算收入　　　　　　　　　　　　30 000

2. 财务会计：

借：其他应收款　　　　　　　　　　　　　　　　　　　10 000
　　贷：附属单位上缴收入　　　　　　　　　　　　　　10 000

预算会计：不做账务处理

3. 财务会计：

借：银行存款　　　　　　　　　　　　　　　　　　　　10 000
　　贷：其他应收款　　　　　　　　　　　　　　　　　10 000

预算会计：

借：资金结存—货币资金　　　　　　　　　　　　　　　10 000
　　贷：附属单位上缴预算收入　　　　　　　　　　　　10 000

4. 财务会计：

借：附属单位上缴收入　　　　　　　　　　　　　　　　90 000
　　贷：本期盈余　　　　　　　　　　　　　　　　　　90 000

预算会计：

A. 专项资金收入

借：附属单位上缴预算收入　　　　　　　　　　　　　100 000
　　贷：非财政拨款结转—本年收支结转　　　　　　　100 000

B. 非专项资金收入

借：附属单位上缴预算收入　　　　　　　　　　　　　250 000
　　贷：其他结余　　　　　　　　　　　　　　　　　250 000

（五）练习经营收入与经营预算收入（事业单位）的账务处理

2020 年 12 月，某事业单位发生如下经济业务：

1. 财务会计：

借：银行存款　　　　　　　　　　　　　　　　　　　　1 500

|  |  |
|---|---|
| 　　　应收账款 | 500 |
| 　　贷：经营收入 | 2000 |

预算会计：

|  |  |
|---|---|
| 借：资金结存——货币资金 | 1 500 |
| 　　贷：经营预算收入 | 1 500 |

2. 财务会计：

|  |  |
|---|---|
| 借：应收账款 | 226 000 |
| 　　贷：经营收入 | 200 000 |
| 　　　　应交增值税——应交税金（销项税额） | 26 000 |

预算会计：不处理

3. 财务会计：

|  |  |
|---|---|
| 借：应收账款 | 5 000 |
| 　　贷：经营收入 | 5 000 |

预算会计：不做账务处理

4. 财务会计：

|  |  |
|---|---|
| 借：银行存款 | 5 000 |
| 　　贷：应收账款 | 5 000 |

预算会计：

|  |  |
|---|---|
| 借：资金结存——货币资金 | 5 000 |
| 　　贷：经营预算收入 | 5 000 |

5. 财务会计：

|  |  |
|---|---|
| 借：银行存款 | 22 600 |
| 　　贷：应收账款 | 22 600 |

预算会计：

|  |  |
|---|---|
| 借：资金结存——货币资金 | 22 600 |
| 　　贷：经营预算收入 | 22 600 |

6. 财务会计：

|  |  |
|---|---|
| 借：经营收入 | 50 000 |
| 　　贷：本期盈余 | 50 000 |

预算会计：

|  |  |
|---|---|
| 借：经营预算收入 | 25 000 000 |
| 　　贷：经营结余 | 250 000 |

（六）练习非同级财政拨款收入与非同级财政拨款预算收入的账务处理

1. 财务会计：

借：其他应收款　　　　　　　　　　　　　　　　　120 000
　　贷：非同级财政拨款收入　　　　　　　　　　　120 000

预算会计：不做账务处理

2. 财务会计：

借：银行存款　　　　　　　　　　　　　　　　　　120 000
　　贷：其他应收款　　　　　　　　　　　　　　　120 000

预算会计：

借：资金结存——货币资金　　　　　　　　　　　　120 000
　　贷：非同级财政拨款预算收入　　　　　　　　　120 000

3. 财务会计：

借：银行存款　　　　　　　　　　　　　　　　　　60 000
　　贷：非同级财政拨款收入　　　　　　　　　　　60 000

预算会计：

借：资金结存——货币资金　　　　　　　　　　　　60 000
　　贷：非同级财政拨款预算收入　　　　　　　　　60 000

4. 财务会计：

借：非同级财政拨款收入　　　　　　　　　　　　　250 000
　　贷：本年盈余　　　　　　　　　　　　　　　　250 000

预算会计：

A. 年末结转专项资金：

借：非同级财政拨款预算收入　　　　　　　　　　　450 000
　　贷：非财政拨款结转—本年收支结转　　　　　　450 000

B. 年末结转非专项资金：

借：非同级财政拨款预算收入　　　　　　　　　　　920 000
　　贷：其他结余　　　　　　　　　　　　　　　　920 000

（七）练习捐赠收入与其他预算收入的核算的账务处理

1.（1）

财务会计：

借：库存现金　　　　　　　　　　　　　　　　　　2 000
　　贷：捐赠收入　　　　　　　　　　　　　　　　2 000

预算会计：

| 借：资金结存——货币资金 | 2 000 |
|  贷：其他预算收入——捐赠预算收入 | 2 000 |

(2) 接受捐赠的货币资金：按照实际收到的金额

财务会计：

| 借：银行存款 | 3 000 |
|  贷：捐赠收入 | 3 000 |

预算会计：

| 借：资金结存——货币资金 | 3 000 |
|  贷：其他预算收入——捐赠预算收入 | 3 000 |

(3) 按照实际收到的金额

财务会计：

| 借：银行存款 | 25 000 |
|  贷：应缴财政款 | 25 000 |

预算会计：不做账务处理

(4) 上缴财政专户

财务会计：

| 借：应缴财政款 | 25 000 |
|  贷：银行存款 | 25 000 |

预算会计：不做账务处理

(5) 收到财政专户请款收入

财务会计：

| 借：银行存款 | 25 000 |
|  贷：捐赠收入 | 25 000 |

预算会计：

| 借：资金结存——货币资金 | 25 000 |
|  贷：其他预算收入——捐赠预算收入 | 25 000 |

2.（1）接受捐赠的存货，按照确定的成本

财务会计：

| 借：库存物品 | 12 600 |
|  贷：银行存款 | 600 |
|    捐赠收入 | 12 000 |

预算会计：

| 借：其他支出 | 600 |

贷：资金结存——货币资金 600
（2）接受捐赠的固定资产等，按照确定的成本
财务会计：
借：固定资产 60 500
　　贷：零余额账户用款额度 500
　　　　捐赠收入 60 000
预算会计：
借：其他支出 500
　　贷：资金结存——零余额账户用款额度 500
（3）按照名义金额入账
财务会计：
借：库存物品 1
　　贷：捐赠收入 1
同时：
借：其他费用 1 200
　　贷：财政拨款收入 1 200
预算会计：
借：其他支出 1 200
　　贷：财政拨款预算收入 1 200
（4）期末结转
财务会计：
借：捐赠收入 120 000
　　贷：本期盈余 120 000
预算会计：
①专项资金
借：其他预算收入——捐赠预算收入 230 000
　　贷：非财政拨款结转——本年收支结转 230 000
②非专项资金
借：其他预算收入——捐赠预算收入 450 000
　　贷：其他结余 450 000
（八）练习利息收入与其他预算收入核算的账务处理
1. 财务会计
借：银行存款 1 800

贷：利息收入　　　　　　　　　　　　　　　　　　　　　　1 800

预算会计：

借：资金结存—货币资金　　　　　　　　　　　　　　　　　　1 800

　　贷：其他预算收入—利息预算收入　　　　　　　　　　　　1 800

2.（1）确认银行存款利息收入，实际收到利息时

财务会计：

借：银行存款　　　　　　　　　　　　　　　　　　3 000　4 500

　　贷：应缴财政款　　　　　　　　　　　　　　　3 000　4 500

预算会计：不做账务处理

（2）12月5日，利息收入4 500元上缴财政专户

财务会计：

借：应缴财政款　　　　　　　　　　　　　　　　　　　　　　4 500

　　贷：银行存款　　　　　　　　　　　　　　　　　　　　　4 500

预算会计：不做账务处理

（3）12月9日，年度预算用款计划审批，财政返还4 500元到基本户

财务会计：

借：银行存款　　　　　　　　　　　　　　　　　　　　　　　4 500

　　贷：利息收入　　　　　　　　　　　　　　　　　　　　　4 500

预算会计：

借：资金结存——货币资金　　　　　　　　　　　　　　　　　4 500

　　贷：其他预算收入——利息预算收入　　　　　　　　　　　4 500

3. 期末，结转余额

财务会计：

借：利息收入　　　　　　　　　　　　　　　　　　　　　　　3 500

　　贷：本期盈余　　　　　　　　　　　　　　　　　　　　　3 500

预算会计：

借：其他预算收入——利息收入　　　　　　　　　　　　　　　8 000

　　贷：其他结余　　　　　　　　　　　　　　　　　　　　　8 000

（九）练习租金收入与其他预算收入核算的账务处理

1.（1）2020年12月收到租金时

财务会计：

借：银行存款　　　　　　　　　　　　　　　　　　　　　　240 000

　　贷：预收账款　　　　　　　　　　　　　　　　　　　　240 000

预算会计：

| | | |
|---|---|---|
| 借：资金结存 | 240 000 | |
|   贷：其他预算收入 | | 240 000 |

（2）2020 年 1—12 月，每月按权责发生制确认收入

财务会计：

| | | |
|---|---|---|
| 借：预收账款 | 20 000 | |
|   贷：租金收入 | | 20 000 |

预算会计：不进行账务处理

2.（1）预收租金方式，收到预付的租金时

财务会计：

| | | |
|---|---|---|
| 借：银行存款 | 9 000 | |
|   贷：应收账款 | | 9 000 |

预算会计：

| | | |
|---|---|---|
| 借：资金结存——货币资金 | 9 000 | |
|   贷：其他预算收入——租金预算收入 | | 9 000 |

（2）按照直线法分期确认租金收入时

财务会计：

| | | |
|---|---|---|
| 借：应收账款 | 3 000 | |
|   贷：租金收入 | | 3 000 |

预算会计：不进行账务处理

备注：每个月一样分录处理。

3.（1）5 月确认租金收入时

财务会计：

| | | |
|---|---|---|
| 借：应收账款 | 3 000 | |
|   贷：租金收入 | | 3 000 |

预算会计：不进行账务处理

备注：6 月和 7 月同样处理。

（2）7 月 30 日，一次性收取租金 9 000 元

财务会计：

| | | |
|---|---|---|
| 借：银行存款 | 9 000 | |
|   贷：应收账款 | | 9 000 |

预算会计：

| | | |
|---|---|---|
| 借：资金结存——货币资金 | 9 000 | |

  贷：其他预算收入——租金预算收入       9 000

4. 按期收取租金

财务会计：

借：银行存款       5 000

  贷：租金收入       5 000

预算会计：

借：资金结存——货币资金       5 000

  贷：其他预算收入——租金预算收入       5 000

5.（1）按期收取租金

财务会计：

借：银行存款       6 000

  贷：应缴财政款       6 000

预算会计：不做账务处理

（2）租金收入上缴财政专户

财务会计：

借：应缴财政款       6 000

  贷：银行存款       6 000

预算会计：不做处理

（3）返还租金

财务会计：

借：银行存款       6 000

  贷：租金收入       6 000

预算会计：

借：资金结存——货币资金       6 000

  贷：其他预算收入——租金预算收入       6 000

（4）年末结转

财务会计：

借：租金收入       25 000

  贷：本期盈余       25 000

预算会计：

借：其他预算收入——租金预算收入       30 000

  贷：其他结余       30 000

（十）练习其他收入与其他预算收入的账务处理

1．（1）财务会计：

借：库存现金　　　　　　　　　　　　　　　　　120

　　贷：待处理财产损溢　　　　　　　　　　　　　120

预算会计：

借：资金结存——货币资金　　　　　　　　　　　120

　　贷：其他预算收入　　　　　　　　　　　　　　120

（2）财务会计：

借：待处理财产损溢　　　　　　　　　　　　　　100

　　贷：其他应付款　　　　　　　　　　　　　　　100

同时：

借：其他应付款　　　　　　　　　　　　　　　　100

　　贷：库存现金　　　　　　　　　　　　　　　　100

预算会计：

借：其他预算收入　　　　　　　　　　　　　　　100

　　贷：资金结存—货币资金　　　　　　　　　　　100

（3）财务会计：

借：待处理财产损溢　　　　　　　　　　　　　　 20

　　贷：其他收入　　　　　　　　　　　　　　　　 20

预算会计：不做账务处理

2．财务会计：

借：银行存款　　　　　　　　　　　　　　　　40 000

　　贷：其他收入　　　　　　　　　　　　　　　40 000

预算会计：

借：资金结存——货币资金　　　　　　　　　　40 000

　　贷：其他预算收入　　　　　　　　　　　　　40 000

3．（1）财务会计：

借：银行存款　　　　　　　　　　　　　　　100 000

　　贷：其他收入　　　　　　　　　　　　　　100 000

预算会计

借：资金结存——货币资金　　　　　　　　　100 000

　　贷：其他预算收入　　　　　　　　　　　　100 000

（2）财务会计：

| | |
|---|---|
| 借：应付账款 | 15 000 |
| 　　预收账款 | 10 000 |
| 　　其他应付款 | 25 000 |
| 　　长期应付款 | 40 000 |
| 　贷：其他收入 | 50 000 |

预算会计：不做账务处理

（3）财务会计：

| | |
|---|---|
| 借：长期股权投资——成本 | 131 000 |
| 　贷：银行存款 | 11 000 |
| 　　其他收入 | 120 000 |

预算会计：

| | |
|---|---|
| 借：其他支出 | 11 000 |
| 　贷：资金结存——货币资金 | 11 000 |

（4）财务会计：

| | |
|---|---|
| 借：其他收入 | 210 000 |
| 　贷：本期盈余 | 210 000 |

预算会计：

A. 专项资金

| | |
|---|---|
| 借：其他预算收入 | 550 000 |
| 　贷：非财政拨款结转——本年收支结转 | 550 000 |

B. 非专项资金

| | |
|---|---|
| 借：其他预算收入 | 320 000 |
| 　贷：其他结余 | 320 000 |

（十一）练习投资收益与投资预算收益的账务处理

1. 财务会计：

| | |
|---|---|
| 借：银行存款 | 5 500 |
| 　贷：投资收益 | 5 500 |

预算会计：

| | |
|---|---|
| 借：资金结存——货币资金 | 5 500 |
| 　贷：投资预算收益 | 5 500 |

2. 财务会计：

| | |
|---|---|
| 借：应收股利 | 16 000 |

贷：投资收益　　　　　　　　　　　　　　　　　　　　　　　　16 000
　预算会计：不做账务处理
3. 财务会计：
　借：银行存款　　　　　　　　　　　　　　　　　　　　　　　　　15 000
　　　贷：应收股利　　　　　　　　　　　　　　　　　　　　　　　　15 000
　预算会计：
　借：资金结存——货币资金　　　　　　　　　　　　　　　　　　　15 000
　　　贷：投资预算收益　　　　　　　　　　　　　　　　　　　　　　15 000
4. 财务会计：
　借：长期股权投资——损益调整　　　　　　　　　　　　　　　　　40 000
　　　贷：投资收益　　　　　　　　　　　　　　　　　　　　　　　　40 000
　预算会计：不做账务处理
　财务会计：
　借：应收股利　　　　　　　　　　　　　　　　　　　　　　　　　12 000
　　　贷：长期股权投资——损益调整　　　　　　　　　　　　　　　　12 000
　预算会计：不做账务处理
5. 某事业单位发生如下业务：
（1）财务会计：
　借：长期债券投资　　　　　　　　　　　　　　　　　　　　　　 400 000
　　　贷：银行存款　　　　　　　　　　　　　　　　　　　　　　　 400 000
　预算会计：
　借：投资支出　　　　　　　　　　　　　　　　　　　　　　　　 300 000
　　　贷：资金结存——货币资金　　　　　　　　　　　　　　　　　 300 000
（2）财务会计：
　借：长期股权投资——损益调整　　　　　　　　　　　　　　　　1 500 000
　　　贷：投资收益　　　　　　　　　　　　　　　　　　　　　　 1 500 000
　预算会计：不做账务处理
（3）财务会计：
　借：银行存款　　　　　　　　　　　　　　　　　　　　　　　　 800 000
　　　贷：长期股权投资——损益调整　　　　　　　　　　　　　　　 800 000
　预算会计：
　借：资金结存——货币资金　　　　　　　　　　　　　　　　　　 800 000
　　　贷：投资预算收益　　　　　　　　　　　　　　　　　　　　　 800 000

6. 财务会计：

借：银行存款　　　　　　　　　　　　　　　　　　　12 800
　　贷：短期投资　　　　　　　　　　　　　　　　　　12 500
　　　　投资收益　　　　　　　　　　　　　　　　　　　 300

预算会计：

借：资金结存——货币资金　　　　　　　　　　　　　12 800
　　贷：投资支出　　　　　　　　　　　　　　　　　　12 500
　　　　投资预算收益　　　　　　　　　　　　　　　　　 300

7. 财务会计：

借：投资收益　　　　　　　　　　　　　　　　　　　900 000
　　贷：本期盈余　　　　　　　　　　　　　　　　　 900 000

预算会计：

借：投资预算收益　　　　　　　　　　　　　　　　　860 000
　　贷：其他结余　　　　　　　　　　　　　　　　　 860 000

（十二）练习短期借款、长期借款与债务预算收入、债务还本支出核算的账务处理

1. （1）2020.6.1 学校收到借入短期借款时

财务会计：

借：银行存款　　　　　　　　　　　　　　　　　　1 000 000
　　贷：短期借款　　　　　　　　　　　　　　　　 1 000 000

预算会计：

借：资金结存——货币资金　　　　　　　　　　　　1 000 000
　　贷：债务预算收入　　　　　　　　　　　　　　 1 000 000

（2）事业单位按期计提短期借款利息时，按照计算确定应支付的利息金额

财务会计：

借：其他费用　　　　　　　　　　　　　　　　　　　5 000
　　贷：应付利息　　　　　　　　　　　　　　　　　　5 000

预算会计：不做账务处理

（3）偿还短期借款本金、支付利息时

偿还短期借款本金

财务会计：

借：短期借款　　　　　　　　　　　　　　　　　　1 000 000
　　贷：银行存款　　　　　　　　　　　　　　　　 1 000 000

预算会计：

借：债务还本支出 1 000 000
    贷：资金结存——货币资金

实际支付利息时

财务会计：

借：应付利息 30 000
    贷：银行存款 30 000

预算会计：

借：其他支出 30 000
    贷：资金结存——货币资金 30 000

2.（1）2020.1.1 学校收到借入长期借款时

财务会计：

借：银行存款 10 000 000
    贷：长期借款 10 000 000

预算会计：

借：资金结存——货币资金 10 000 000
    贷：债务预算收入 10 000 000

（2）2020.1.31 按期计提长期借款利息时，按照计算确定应支付的利息金额

财务会计：

借：在建工程 580 000
    贷：长期借款——应付利息 580 000

预算会计：不做账务处理

（3）2020.1.31 结转债务预算收入

财务会计：不做账务处理

预算会计：

借：债务预算收入 10 000 000
    贷：非财政拨款结转——本年收支结转 10 000 000

（4）2021.1.31 偿还借款本金、支付利息

偿还借款本金

财务会计：

借：长期借款 10 000 000
    贷：银行存款 10 000 000

预算会计：

借：债务还本支出 10 000 000

| 贷：资金结存——货币资金 | 10 000 000 |

实际支付利息时

财务会计：

| 借：长期借款——应付利息 | 1 160 000 |
| 贷：银行存款 | 1 160 000 |

预算会计：

| 借：其他支出 | 1 160 000 |
| 贷：资金结存——货币资金 | 1 160 000 |

五、案例分析题

以下是北京、上海、柳州等四地对于零星回收难度大、回收价值较小的废旧物资收入的处置方法。

1. 北京市东城区财政局《关于进一步规范政府非税收入"收支两条线"管理有关事项的通知》（东财发〔2016〕374 号文）明确单位将已购入但不计入资产管理、不核算价值的各种低值易耗品通过废品回收等方式处理，取得的零星款项，作为"其他国有资产有偿使用收入零星"项目全额上缴区财政。

> （三）区属各单位将已购入但不计入资产管理、不核算价值的各种低值易耗品通过废品回收等方式处理，取得的零星款项，作为"其他国有资产有偿使用收入[零星]"项目全额上缴区财政。
> （四）财政性资金产生的利息收入属于非税收入，其范围包括：财政部门拨付各单位的公共财政预算资金、政府性基金、财政专户资金、财政借款及预拨款、银行借款（由财政代为偿还）等。财政性资金利息收入应上缴同级财政，任何单位不得擅自坐支财政性资金利息收入。

2. 上海市金山区审计局《关于 2018 年度金山区本级预算执行和其他财政收支审计查出问题整改情况的报告》指出相关单位废品出售收入上缴国库。

> 4.关于非税收入未及时上缴的问题，相关单位已将房租收入、废品出售收入、历年利息收入等合计76.68万元上缴国库。

3. 柳州市《关于确定 2020—2023 年柳州市公共机构废旧商品回收服务商的通知》（柳政公节办发〔2020〕21 号）明确废品回收收益按照政府非税收入管理规定，缴入市本级国库或财政专户，实行收支两条线管理。

### 四、回收利用流程

1. 各公共机构对废旧通用设备等报废的固定资产应报有关主管部门和领导审批备案，并经同级财政部门审批同意后进行回收利用。
2. 各公共机构自行对废旧商品进行收集，由签订的定点公司指定时间上门回收并开具回收确认单。
3. 定点公司对公共机构回收的各类废旧商品实行分类登记造册，并将登记册于每月5日前报市机关事务管理局备案。
4. 定点公司根据回收品种等情况实行有偿回购（回收价格详见附件2），回收价格每半年更新一次。
5. 废品回收收益按照政府非税收入管理规定，缴入柳州市本级国库或财政专户，实行收支两条线管理（详见附件1）。

4. 淮安市洪泽区审计提出建议，明确废品处置收入作为非税收入，应上缴区级财政。

**采纳审计建议：淮安市洪泽区653.76万元非税收入缴入国库**

发布日期：2021-06-23　信息来源：淮安市审计局　浏览次数：105　字体：[大中小]

近日，淮安市洪泽区市场监督管理局、民政局等7家单位采纳审计建议，将非税收入653.76万元缴入国库，进一步强化了淮安市洪泽区非税收入的征缴管理工作。

今年上半年，淮安市洪泽区审计局在区本级预算执行审计中，通过大数据分析筛选发现，该区市场监督管理局、民政局等7家单位的房租、废品处置等非税收入滞留在各自单位账户上，未上缴淮安市洪泽区财政。对此，审计要求这7家单位严格执行"收支两条线"政策，及时上缴未缴纳的非税收入。

该区市场监督管理局、民政局等7家单位高度重视审计发现的问题，并进行了积极整改，派专人对单位近年来各项收入进行梳理，并与区财政局对接，做好非税收入缴纳工作。截至目前，相关单位非税收入653.76万元已全部缴入国库。（李亮、马娟、赵营雯）

结论：

报废报损残值变价收入属于资产处置收入，应作为非税收入，严格执行收支两条线原则，全额缴入本级国库。如果不入账，不上缴国库，属于国有资产流失。

## 第十三章　费用与预算支出

### 一、单项选择题

1. A　2. A　3. D　4. C　5. C　6. A　7. B　8. C　9. B　10. A　11. C　12. C　13. C　14. C　15. D　16. D　17. D　18. A　19. D　20. D　21. A　22. B　23. D

### 二、多项选择题

1. ABCD　2. ABC　3. BD　4. AD　5. ABC　6. ABC　7. ABC　8. AC　9. BC　10. AD　11. ABC　12. CD　13. BCD　14. ABC　15. AB　16. ABCD　17. ABC　18. BCD　19. AD　20. ABC

### 三、判断题

1. ×　2. √　3. ×　4. ×　5. ×　6. √　7. √　7. ×　9. ×　10. √　11. √　12. ×　13. ×　14. ×　15. √　16. √　17. √　18. √　19. √　20. √　21. √　22. ×　23. ×　24. ×　25. √　26. ×　27. ×

### 四、业务题

1. （1）实际缴纳所得税时

财务会计：

借：其他应交税费——单位应交所得税　　　　　　　　　　　　50
　　贷：银行存款　　　　　　　　　　　　　　　　　　　　　　50

预算会计：

借：非财政拨款结余分配　　　　　　　　　　　　　　　　50
　　贷：资金结存——货币资金　　　　　　　　　　　　　　50
（2）年末结转
财务会计：
借：本期盈余　　　　　　　　　　　　　　　　　　　　　50
　　贷：所得税费用　　　　　　　　　　　　　　　　　　　50
2. 财务会计：
借：上缴上级费用　　　　　　　　　　　　　　　　200 000
　　贷：银行存款　　　　　　　　　　　　　　　　　200 000
预算会计：
借：上缴上级支出　　　　　　　　　　　　　　　　200 000
　　贷：资金结存——货币资金　　　　　　　　　　　200 000
3. 财务会计：
借：对附属单位补助费用——杂志社　　　　　　　　 50 000
　　贷：银行存款　　　　　　　　　　　　　　　　　 50 000
预算会计：
借：对附属单位补助支出——杂志社　　　　　　　　 50 000
　　贷：资金结存——货币资金　　　　　　　　　　　 50 000
4. 财务会计：
借：应付利息　　　　　　　　　　　　　　　　　　100 000
　　贷：银行存款　　　　　　　　　　　　　　　　　100 000
预算会计：
借：其他支出——利息支出　　　　　　　　　　　　100 000
　　贷：资金结存——货币资金　　　　　　　　　　　100 000
5. 财务会计：
借：其他费用——捐赠费用　　　　　　　　　　　　 50 000
　　贷：银行存款　　　　　　　　　　　　　　　　　 50 000
预算会计：
借：其他支出——捐赠支出　　　　　　　　　　　　 50 000
　　贷：资金结存——货币资金　　　　　　　　　　　 50 000
6. 财务会计：
借：待处理财产损溢　　　　　　　　　　　　　　　　　200
　　贷：库存现金　　　　　　　　　　　　　　　　　　　200

借：资产处置费用 200
  贷：待处理财产损溢 200
预算会计：
借：其他支出——现金盘亏损失 200
  贷：资金结存——货币资金 200

7. 财务会计：
借：业务活动费用——单位管理费用 2 000
  贷：银行存款 2 000
预算会计：
借：事业支出 2 000
  贷：资金结存——货币资金 2 000

8.（1）购买防护服
财务会计：
借：库存物品 80 000
  贷：零余额账户用款额度 80 000
预算会计：
借：事业支出 80 000
  贷：资金结存 80 000
（2）领用防护服
财务会计：
借：业务活动费用 5 000
  贷：库存物品 5 000
预算会计：不做账务处理

9.（1）2月底计提时
财务会计：
借：业务活动费用——工资福利费用 160 000
  贷：应付职工薪酬 160 000
预算会计：不做账务处理
（2）3月3日发放时
财务会计：
借：应付职工薪酬 160 000
  贷：财政拨款收入 160 000
预算会计：

借：事业支出——工资福利支出　　　　　　　　　　　　　　160 000
　　贷：财政拨款预算收入　　　　　　　　　　　　　　　　　160 000

10. （1）计提时

财务会计：

借：业务活动费用——工资福利费用　　　　　　　　　　　　50 000
　　贷：应付职工薪酬——规范性津补贴　　　　　　　　　　　50 000

预算会计：不做账务处理

（2）发放时

财务会计：

借：应付职工薪酬——规范性津补贴　　　　　　　　　　　　50 000
　　贷：零余额账户用款额度　　　　　　　　　　　　　　　　50 000

预算会计：

借：事业支出——工资福利支出　　　　　　　　　　　　　　50 000
　　贷：资金结存——零余额账户用款额度　　　　　　　　　　50 000

11. 行政单位不适用"单位管理费用"科目，为实现其职能目标、依法履职发生的各项费用均记入"业务活动费用"科目：

财务会计

借：业务活动费用　　　　　　　　　　　　　　　　　　　　1 900
　　贷：零余额账户用款额度　　　　　　　　　　　　　　　　1 900

预算会计：

借：行政支出　　　　　　　　　　　　　　　　　　　　　　1 900
　　贷：资金结存——零余额账户用款额度　　　　　　　　　　1 900

五、综合题

1. （1）计提时

财务会计：

借：经营费用——工资福利费用　　　　　　　　　　　30 100（25 000+5 100）
　　贷：应付职工薪酬——基本工资　　　　　　　　　　　　　10 000
　　　　　　　　——社会保险费　　　　　　　　　　　　　　3 000
　　　　　　　　——住房公积金　　　　　　　　　　　　　　2 100
　　　　　　　　——绩效工资　　　　　　　　　　　　　　　15 000

预算会计：不做账务处理

（2）实际发放工资时

财务会计：

①借：应付职工薪酬——基本工资　　　　　　　　　　　　　　　　5 600
　　贷：应付职工薪——机关事业单位基本养老保险缴费　　　　　2 000
　　　　　　——住房公积金　　　　　　　　　　　　　　　　　2 100
　　　　　其他应交税费——代扣代缴的个人所得税　　　　　　　1 500
②借：应付职工薪酬——基本工资　　　　　　　　　　　　　　　　4 400
　　　应付职工薪酬——绩效工资　　　　　　　　　　　　　　　15 000
　　贷：银行存款——基本账户存款　　　　　　　　　　　　　　19 400

预算会计：
借：经营支出——工资福利支出——其他工资福利支出　　　　　　10 000
　　经营支出——工资福利支出——其他工资福利支出　　　　　　15 000
　　贷：资金结存——货币资金——银行存款　　　　　　　　　　25 000

（3）缴纳个人所得税时
财务会计：
借：其他应交税费——代扣代缴的个人所得税　　　　　　　　　　1 500
　　贷：银行存款——基本账户存款　　　　　　　　　　　　　　1 500
预算会计：不做账务处理

（4）缴纳养老保险和住房公积金和个人部分
财务会计：
借：应付职工薪酬——机关事业单位基本养老保险缴费　　5 000（3 000+2 000）
　　　　　——住房公积金　　　　　　　　　　　　　　4 200（2 100+2 100）
　　贷：银行存款——基本账户存款　　　　　　　　　　　　　　9 200

预算会计：
借：经营支出工资福利支出——其他工资福利支　　　　　　　　　 5 100
　　贷：资金结存——货币资金　　　　　　　　　　　　　　　　 5 100

2.（1）转入待处理财产损溢时
财务会计：
借：待处理财产损溢——待处理财产价值　　　　　　　　　　　 100 000
　　固定资产累计折旧　　　　　　　　　　　　　　　　　　　 100 000
　　贷：固定资产　　　　　　　　　　　　　　　　　　　　　 200 000
预算会计：不做账务处理

（2）取得保险理赔时
财务会计：
借：银行存款　　　　　　　　　　　　　　　　　　　　　　　 50 000

贷：待处理财产损溢——处理净收入　　　　　　　　　　　50 000
预算会计：不做账务处理
（3）发生处置费用时
财务会计：
借：待处理财产损溢——处理净收入　　　　　　　　　　　600
　　贷：库存现金　　　　　　　　　　　　　　　　　　　600
预算会计：不做账务处理
（4）按照规定经批准处理时
财务会计：
借：资产处置费用　　　　　　　　　　　　　　　　　　100 000
　　贷：待处理财产损溢——待处理财产价值　　　　　　　100 000
借：待处理财产损溢——处理净收入　　　　　　　　　　　49 400
　　贷：应缴财政款　　　　　　　　　　　　　　　　　　49 400
预算会计：不做账务处理

## 六、案例分析题

根据《政府会计准则制度解释第2号》"五、关于收取差旅伙食费和市内交通费的账务处理"相关内容，接待单位按规定收取出差人员差旅伙食费和市内交通费并出具相关票据的，应当按照以下规定进行账务处理。

（1）单位承担支出责任的，应当按照收到的款项金额，借记"库存现金"等科目，贷记相关费用科目；同时在预算会计中借记"资金结存"科目，贷记"相关支出"科目。
账务处理如下：
财务会计
借：业务活动费用——商品和服务费用　　　　　　　　　　1 200
　　贷：银行存款——基本账户存款　　　　　　　　　　　1 200
同时：
借：库存现金　　　　　　　　　　　　　　　　　　　　　80
　　贷：业务活动费用——商品和服务费用　　　　　　　　80
预算会计
借：事业支出——其他资金支出——商品和服务支出　　　　1 200
　　贷：资金结存——货币资金　　　　　　　　　　　　　1 200
同时：
借：资金结存——货币资金　　　　　　　　　　　　　　　80
　　贷：事业支出——其他资金支出——商品和服务支出　　80

（2）如果单位不是接待主体，不承担支出责任，应当按照收到的款项金额，借记"库存现金"等科目，贷记"其他应付款"科目或"其他应收款"科目（前期已垫付资金的）；向其他会计主体转付款时，借记"其他应付款"科目，贷记"库存现金"等科目。预算会计不做账务处理。

## 第十四章　净资产与预算结余

一、单项选择题

1. B　2. D　3. A　4. D　5. D　6. A　7. A　8. B　9. C　10. A　11. C　12. B　13. B　14. A　15. B　16. B　17. C　18. C　19. B　20. D

二、多项选择题

1. BCD　2. ABCD　3. ABD　4. BC　5. ABD　6. ABCDE　7. BCD　8. ABD　9. ACD　10. BC　11. BD　12. CD

三、判断题

1. √　2. ×　3. √　4. √　5. √　6. √　7. √　8. √　9. ×　10. ×　11. ×　12. ×　13. ×　14. ×　15. √　16. √　17. ×　18. ×　19. ×　20. ×

四、业务题

1. （1）退回劳务费时

财务会计

借：银行存款　　　　　　　　　　　　　　　　　　　　　　　　　40 000

　　贷：以前年度盈余调整　　　　　　　　　　　　　　　　　　　　40 000

同时：

借：以前年度盈余调整　　　　　　　　　　　　　　　　　　　　　40 000

　　贷：累计盈余　　　　　　　　　　　　　　　　　　　　　　　　40 000

预算会计：

借：资金结存款——货币资金　　　　　　　　　　　　　　　　　　40 000

　　贷：财政拨款结转——年初余额调整——基本支出结转——日常公用经费

　　　　　　　　　　　　　　　　　　　　　　　　　　　　　　　　40 000

（2）上缴财政时

财务会计：

借：累计盈余　　　　　　　　　　　　　　　　　　　　　　　　　40 000

　　贷：银行存款　　　　　　　　　　　　　　　　　　　　　　　　40 000

预算会计：

借：财政拨款结转——年初余额调整——基本支出结转——日常公用经费

                    40 000

 贷：资金结存款——货币资金         40 000

2. 财务会计：

借：累计盈余               1 500 000

 贷：财政应返还额度           1 500 000

预算会计：

借：财政拨款结转——归集上缴——项目支出（甲项目） 1 000 000

  财政拨款结余——归集上缴——项目支出（乙项目） 500 000

 贷：资金结存             1 500 000

3. 财务会计

借：零余额账户用款额度          75 000

 贷：财政应返还额度/财政授权支付      75 000

预算会计

借：资金结存/零余额账户用款额度       75 000

 贷：资金结存/财政应返还额度        75 000

4. （1）取得项目经费拨款时

财务会计：

借：银行存款              100 000

 贷：上级补助收入/甲科研项目        100 000

预算会计：

借：资金结存/货币资金           100 000

 贷：上级补助预算收入/甲科研项目      100 000

（2）提取间接费用时

财务会计：

借：业务活动费用/商品和服务费用       6 000

 贷：专用基金             6 000

借：单位管理费用/商品和服务费用       4 000

 贷：预提费用/项目间接费          4000

预算会计

借：非财政拨款结转/项目间接费        4 000

 贷：非财政拨款结余/项目间接费       4 000

5. (1) 收到上级主管部门拨付款项时

财务会计：

借：银行存款　　　　　　　　　　　　　　　　　　　1 000
　　贷：上级补助收入　　　　　　　　　　　　　　　　1 000

预算会计：

借：资金结存——货币资金　　　　　　　　　　　　　1 000
　　贷：上级补助预算收入　　　　　　　　　　　　　　1 000

(2) 发生业务活动费用（事业支出）时

财务会计：

借：业务活动费用　　　　　　　　　　　　　　　　　960
　　贷：银行存款　　　　　　　　　　　　　　　　　　960

预算会计：

借：事业支出　　　　　　　　　　　　　　　　　　　960
　　贷：资金结存——货币资金　　　　　　　　　　　　960

(3) 年末结转上级补助预算收入中该科研专项资金收入

财务会计：

借：上级补助收入　　　　　　　　　　　　　　　　　1 000
　　贷：本期盈余　　　　　　　　　　　　　　　　　　1 000

预算会计：

借：上级补助预算收入　　　　　　　　　　　　　　　1 000
　　贷：非财政拨款结转——本年收支结转　　　　　　　1 000

(4) 年末结转事业支出中该科研专项支出

财务会计：

借：本期盈余　　　　　　　　　　　　　　　　　　　960
　　贷：业务活动费用　　　　　　　　　　　　　　　　960

预算会计：

借：非财政拨款结转——本年收支结转　　　　　　　　960
　　贷：事业支出——非财政专项资金支出　　　　　　　960

(5) 经批准确定结余资金留归本单位使用时

财务会计：不做处理

预算会计：

借：非财政拨款结转——累计结转　　　　　　　　　　40
　　贷：非财政拨款结余——结转转入　　　　　　　　　40

五、案例分析题

（1）甲单位的处理不正确，理由如下：年度预算执行中，因项目目标完成、项目提前终止或实施计划调整，不需要继续支出的预算资金，中央部门应及时清理为结余资金并报财政部，由财政部收回。

（2）甲单位的有关处理不正确，理由如下：项目资金应专款专用，基本支出不应在项目支出中列支。

（3）甲单位的处理正确，理由如下：项目实施周期内，年度预算执行结束时，除连续两年未用完的预算资金外，已批复的预算资金尚未列支的部分，作为结转资金管理，结转下年按原用途继续使用。

## 第十五章　政府财务报告和决算报告

一、单项选择题

1. C　2. A　3. B　4. C　5. A　6. B　7. D　8. B　9. A　10. C

二、多项选择题

1. ABC　2. ABCDEF　3. ABCD　4. ABCD　5. ABD　6. ABC　7. ABCDEF　8. ABCDEF
9. ABCEDF　10. ABD　11. ABCDE　12. ABCDE　13. ABCDEF　14. AB　15. ABCDE
16. AB　17. AC　18. ABC　19. ABC　20. ABCE　21. ACBD　22. ABCD　23. ABCD
24. ABC　25. ABCDE　26. ABCDE　27. AB　28. ABDE　29. ABCD　30. ABE　31. AB
32. AB　33. ABCD　34. AB　35. ABCD　36. ABCD　37. ABCDE　38. ABC　39. ABC
40. ABCD　41. ABCD　42. AB　43. ABCD　44. ABCD　45. ABCD　46. ABCD　47. ABCD
48. ABC　49. ABC　50. ABCD　51. BDE　52. AB　53. ABCDE　54. ABC

三、判断题

1. √　2. ×　3. √　4. √　5. √　6. √　7. ×　8. √　9. √　10. ×　11. √　12. √
13. √　14. √　15. √　16. √　17. ×　18. ×　19. √　20. √　21. ×　22. √　23. ×
24. ×　25. √　26. √　27. √　28. √　29. √　30. √　31. √　32. √　33. √　34. √
35. √　36. √　37. ×　38. √　39. √　40. √　41. √　42. ×　43. √　44. √　45. ×
46. √　47. √　48. √　49. ×　50. √　51. √　52. √　53. √　54. √　55. ×

四、业务题

1. 编制抵销分录

借：其他应付款　　　　　　　　　　　　　　　　　　　　　　　850
　　贷：其他应收款　　　　　　　　　　　　　　　　　　　　　　850

2. 编制抵销分录

借：事业收入（来自同级政府部门）　　　　　　　　　　　　　9 500

  贷：商品和服务费用（支付给同级政府部门）   9 500
 3. 编制抵销分录
 借：应付国库集中支付结余   16 000
  贷：财政应返还额度   15 000
    财政预算额度   1 000
 4. 编制抵销分录
 借：财政拨款收入   9 700
  贷：一般公共预算本级支出   5 200
    政府性基金预算本级支出   4 500
 5. 编制抵销分录
 借：事业收入（财政专户管理资金）   7 800
  贷：财政专户管理资金支出   7 800
 6. 编制抵销分录
 借：其他应付款   690
  贷：借出款项   690
 7. 编制抵销分录
 借：其他应付款   350
  贷：预拨经费   350
 8. 编制抵销分录
 借：专用基金收入   25 600
  贷：一般公共预算本级支出   25 600
 9. 编制抵销分录
 借：调入资金   20 100
  贷：调出资金   20 100
 10. 调整分录
 借：应付代管资金   97 500
  贷：其他财政存款   97 500
 11. 编制调整分录
 借：专用基金收入   420
  贷：其他收入   420
 12. 编制调整分录
 借：国有资本经营预算收入   33 000
  贷：净资产   33 000

13. 编制调整分录

借：动用预算稳定调节基金　　　　　　　　　　　　　　10 000
　　贷：净资产　　　　　　　　　　　　　　　　　　　　10 000
借：净资产　　　　　　　　　　　　　　　　　　　　　　20 000
　　贷：安排预算稳定调节基金　　　　　　　　　　　　　20 000

14. 编制调整分录

借：净资产　　　　　　　　　　　　　　　　　　　　　　 3 600
　　贷：债务还本支出　　　　　　　　　　　　　　　　　 3 600
借：净资产　　　　　　　　　　　　　　　　　　　　　　22 000
　　贷：债务转贷支出　　　　　　　　　　　　　　　　　22 000

15. 编制调整分录

借：净资产　　　　　　　　　　　　　　　　　　　　　　50 000
　　贷：一般公共预算本级支出　　　　　　　　　　　　　50 000

16. 编制调整分录：

借：对企事业单位的补贴　　　　　　　　　　　　　　　　 9 372
　　贷：一般公共预算本级支出　　　　　　　　　　　　　 9 372

17. 编制调整分录：

借：对个人和家庭的补助　　　　　　　　　　　　　　　　 5 300
　　对企事业单位的补贴　　　　　　　　　　　　　　　　19 800
　　贷：专用基金支出　　　　　　　　　　　　　　　　　25 100

18. 经计算，应调整的金额分别为，长期投资 = 400,000 × 60% = 240 000 万元；应收股利 = 20 000 × 60% = 12 000 万元；投资收益 = 100 000 × 60% = 60 000 万元。编制调整分录：

借：长期投资　　　　　　　　　　　　　　　　　　　　240 000
　　应收股利　　　　　　　　　　　　　　　　　　　　 12 000
　　贷：投资收益　　　　　　　　　　　　　　　　　　 60 000
　　　　净资产　　　　　　　　　　　　　　　　　　　192 000

19. 投资收益 = 5 000 × 15% = 750 万元。编制调整分录：

借：净资产　　　　　　　　　　　　　　　　　　　　　　　750
　　贷：投资收益　　　　　　　　　　　　　　　　　　　　750

20. 编制调整分录：

借：净资产　　　　　　　　　　　　　　　　　　　　　　15 000
　　贷：交付项目支出　　　　　　　　　　　　　　　　　15 000